AI와 이스포츠

인공지능총서

인공지능 시대입니다. 기계가 인간의 인지를 대신하고, 사물이 인간을 통하지 않고 다른 사물과 직접 커뮤니케이션합니다. 이에 따른 인간 삶과 문명 변화를 정확히 이해·예측·대응하는 것은 이 시대 우리 모두의 과제입니다. 인공지능총서는 인공지능 기술과 환경의 여러 주제를 10가지 키워드로 정리합니다. 관련 개념과 이론, 학계와 산업계의 쟁점, 우리 일상의 변화를 다룹니다. 인간과 기술의 현재, 미래를 세심히 분석합니다.

일러두기

- 인명, 작품명, 저서명, 개념어 등은 한글과 함께 괄호 안에 해당 국가의 원어를 병기했습니다.
- 외래어 표기는 현행 어문규정의 외래어표기법을 따랐습니다.

처음이세요?

전문가세요?

AI와 이스포츠

최은경 · 이승연

대한민국, 서울, 커뮤니케이션북스, 2025

AI와 이스포츠

지은이 최은경 · 이승연
펴낸이 박영률

초판 1쇄 펴낸날 2025년 5월 15일

커뮤니케이션북스(주)
출판 등록 2007년 8월 17일 제313-2007-000166호
02880 서울시 성북구 성북로 5-11
전화(02) 7474 001, 팩스(02) 736 5047
commbooks@commbooks.com
www.commbooks.com

ISBN 979-11-430-0095-8 03500

책값은 뒤표지에 표시되어 있습니다.

차례

인공지능과 이스포츠: 변화하는 산업, AI가 이끄는 미래

4차 산업혁명은 기존의 산업이 디지털과 융합해 경제와 사회 전반에 영향을 미치는 새로운 시대를 의미한다. 사물인터넷(IoT), 로봇공학, 가상현실(VR), 증강현실(AR), 인공지능(AI)과 같은 첨단 기술이 우리의 삶과 일하는 방식을 근본적으로 변화시키고 있다(기획재정부, 2020). 이스포츠는 이러한 기술이 집약적으로 적용되는 대표적인 산업으로, 디지털 환경에서 이루어지는 경쟁이 점점 더 정교해지고 있으며, AI를 중심으로 한 기술 혁신이 빠르게 진행되고 있다.

특히 AI와 데이터 분석 기술은 이스포츠 산업에서 중요한 역할을 하고 있다. AI는 선수의 성과 데이터를 분석해 전략 수립과 훈련 방식 개선에 기여하며, 경기 패턴을 예측하고 최적의 플레이 스타일을 추천하는 데 활용된다. 예를 들어, 글로벌 이스포츠 팀 '팀 리퀴드(Team Liquid)'는 독일의 SAP와 협력해 AI 기반의 경기 분석 시스템을 도입했다. 이 시스템은 1.6테라바이트 이상의 데이터를 활용해 상대 팀의 전략을 35%까지 예측할 수 있도록 돕고 있으며, 이를 통해 선수들이 경기 준비 시간을 단축하고 전략적 의사 결정을 더욱 효과적으로 내릴 수 있도록 지원하고 있다(김가은, 2023).

또한, AI는 코칭과 훈련에도 혁신을 가져오고 있다. 오픈AI가 개발한 'OpenAI Five'는 인기 이스포츠 게임인 도타 2(Dota 2)에서 인간 프로 선수들을 상대로 압도적인 성과를 보이며, 선수들이 AI와의 실전 연습을 통해 자신의 플레이 스타일을 보완하고 개선할 수 있도록 돕고 있다(조인혜, 2017). 이와 같이 AI는 선수의 경기력 향상뿐만 아니라 팀 운영의 효율성을 높이는 데도 중요한 역할을 하고 있다.

VR과 AR 기술은 관객 경험을 혁신적으로 변화시키고 있다. 가상현실(VR)은 팬들이 실제 경기장에 있는 듯한 몰입감을 제공하며, 증강현실(AR)은 경기 중 실시간 데이터를 시각적으로 제공해 관람의 재미를 극대화한다. 예를 들어, SK텔레콤은 5G 기반 AR/VR 서비스를 통해 LCK(리그 오브 레전드 챔피언스 코리아) 경기를 생생하게 관람할 수 있는 시스템을 도입했다. 이 시스템은 팬들이 원하는 선수의 시점에서 경기를 볼 수 있도록 하며, 경기 중 발생하는 주요 정보를 실시간으로 분석해 시청자에게 제공한다(정진성, 2019).

이스포츠의 글로벌 시장 확대에는 디지털 플랫폼과 스트리밍 서비스의 발전도 큰 영향을 미쳤다. 트위치(Twitch), 유튜브 게이밍(YouTube Gaming), 아프리카TV와 같은 스트리밍 플랫폼을 통해 전 세계의 팬들이 실시간으로 경기를 관람하고, 채팅을 통해 선수들과 직접 소통할 수 있게 되었다. 이러한 스트리밍 플랫폼의 팬덤 구조와 상호작용 가능성은 디지털 시대 스포츠 팬덤의 특징과 맞닿아 있다(Ann Pegoraro, 2013). 이를 방증하듯 2018년 리그 오브 레전드 월드 챔피언십(LoL Worlds)은 전 세계 1억 명 이상의 시청자를 기록하며, 전통 스포츠 경기와 비교해도 손색없는 영향력을 보여주었다.

AI가 이끄는 이스포츠의 미래

4차 산업혁명은 이스포츠 발전에 필수적인 혁신 기술을 제공하고 있으며, 이스포츠는 이러한 기술이 실제로 적용되고 실험되는 중요한 테스트베드 역할을 하고 있다. 단순한 게임이 아닌, 기술과 문화가 결합된 새로운 형태의 엔터테인먼트로 진화하고 있으며, 앞으로도 AI, VR, AR, 데이터 분석 등의 기술이 더욱 발전하면서 이스포츠와의 관계는 더욱 깊어질 것으로 예상된다.

특히 AI는 단순한 경기 분석 도구를 넘어, 이스포츠의 운영과 경쟁 방식 자체를 변화시킬 가능성이 크다. AI 기반 심판 시스템이 도입됨에 따라 공정성과 정확성이 높아질 것이며, 자동화된 경기 분석 시스템이 선수와 코칭 스태프를 지원하면서 더욱 정교한 전략 수립이 가능해질 것이다. 예를 들어, 한국전자통신연구원(ETRI)은 AI를 활용해 이스포츠 경기에서 승률을 예측하는 시스템을 개발했으며, 이 기술이 발전한다면 향후 이스포츠의 전략적 분석이 더욱 정밀해질 것으로 기대된다(정찬욱, 2024).

또한, AI는 경기 내에서만 활용되는 것이 아니라, 팬 경험을 혁신하는 도구로도 주목받고 있다. AI 기반의 맞춤형 경기 해설 시스템이 등장할 가능성이 있으며, 팬들이 원하는 선수나 팀의 경기 하이라이트를 자동으로 생성하고, 개별 맞춤형 데이터 분석을 제공하는 방식으로 개인화된 관람 경험을 제공할 것이다. IBM이 테니스 대회 'US 오픈'에서 AI를 활용해 자동 하이라이트를 생성한 것처럼, 이스포츠에서도 AI를 통해 자동으로 주요 장면을 편집하고, 실시간 데이터 기반의 맞춤형 콘텐츠를 제공하는 서비스가 보편화될 가능성이 크다(IBM, 2023).

메타버스와 AI의 융합도 이스포츠의 미래를 더욱 확장할 것이다. 메타버스 속에서 AI는 가상의 경기장을 운영하고, 팬들이 직접 선수로 참여할 수 있는 몰입형 경험을 제공하는 등 새로운 형태의 디지털 스포츠 환경을 만들어낼 것이다. 예를 들어, 리그 오브 레전드 프로리그인 LCK의 참가팀 리브 샌드박스는 메타버스 플랫폼 제페토에서 가상 경기장을 개설해 팬들과 소통하고 있으며, 앞으로 AI 기반 가상 코치, AI 생성 콘텐츠 등이 추가될 가능성이 있다(권민, 2021).

이처럼 AI는 이스포츠의 모든 영역에서 혁신을 주도하고 있으며, 앞으로 AI가 경기 운영, 선수 훈련, 팬 경험, 메타버스 환경을 포함한 전반적인 이스포츠 생태계를 변화시킬 것으로 전망된다. AI 기술이 더욱 발전함에 따라, 인간과 AI의 협력 관계가 중요한 화두가 될 것이며, AI가 선수들의 경기력을 향상시키고, 보다 공정한 경쟁 환경을 조성하는 역할을 할 것으로 기대된다. 하지만 동시에 AI 의존에 따른 윤리적 문제와 공정성 논란도 지속적으로 제기될 가능성이 있어 이에 대한 논의와 대비가 필요할 것이다.

결국, 4차 산업혁명과 AI 기술의 발전은 이스포츠의 새로운 도약을 가능하게 하며, 이스포츠는 단순한 게임을 넘어 미래 디지털 스포츠 산업의 중심으로 자리 잡을 것이다.

이 책은 AI와 이스포츠의 현재와 미래를 이해하고, 기술 발전이 이스포츠 산업에 미치는 다양한 영향에 대해 소개한 것으로, AI 판정 시스템, 생성형 AI, 데이터 분석, 메타버스, 자동화 훈련, 윤리적 문제, 규제, 비즈니스 모델, 교육 혁신 등으로, AI가 어떻게 이스포츠의 핵심 요소와 결합해 산업을 변화시키고 있는지를 다룬다. 또한, AI의 발전이 공정성과 투명성에 미치는 영향, 직업군의 변화, 교육과정의 혁신, 비즈니스 기회의 확대, 그리고 AI와 인간의 협업 가능성 등을 분석하며, AI 기반의 이스포츠 산업이 나아가야 할 방향을 논의해 보았다.

1장 이스포츠와 AI의 상호작용에서는 AI가 이스포츠에 미치는 전반적인 영향을 다룬다. 경기 분석, 선수 훈련, 팬 경험 등을 중심으로 AI가 어떻게 이스포츠 산업을 혁신하고 있는지를 설명한다.

2장 AI와 이스포츠의 변화에서는 AI가 이스포츠의 전략 분석, 경제적 구조, 훈련 방식 등에 미치는 변화를 탐색한다. 특히, 전통적 AI와 생성형 AI가 결합하면서 발생하는 새로운 가능성과 도전 과제를 조명한다.

3장 이스포츠의 AI 응용에서는 텍스트, 이미지, 음성,

영상, VR, XR, 메타버스 등 다양한 기술과 융합된 AI가 이스포츠에서 어떻게 활용되는지를 분석한다. AI가 이스포츠 경기 운영과 분석을 더욱 정교하게 만드는 방식을 설명한다.

4장 AI와 이스포츠 직업에서는 AI가 선수, 코치, 분석가, 중계자 등 이스포츠 관련 직업에 미치는 변화를 다룬다. AI와 인간이 협력해 새로운 가치를 창출하는 방식과 이에 따른 직업의 변화 양상을 탐색한다.

5장 AI의 이스포츠 활용에서는 AI가 이스포츠의 다양한 분야에서 어떻게 적용되고 있는지를 설명한다. 경기 데이터 분석, 자동화된 경기 중계, 콘텐츠 제작 등 AI가 실질적으로 산업에 미치는 영향을 분석하며, AI 기술이 이스포츠의 효율성을 높이고 새로운 가치를 창출하는 방식을 탐색한다.

6장 윤리적 문제에서는 AI 판정 시스템의 편향성과 투명성 문제, 선수 프라이버시 보호 등 AI 도입에 따른 윤리적 이슈를 다룬다. AI 기술이 이스포츠 산업에서 공정성을 어떻게 보장할 수 있는지를 논의한다.

7장 규제와 편향에서는 AI 기술의 신뢰성과 공정성을 확보하기 위한 국가별 규제 프레임워크와 알고리즘 편향 문제를 조명한다. AI가 이스포츠 경기와 산업 운영에서 균형 잡힌 역할을 수행할 수 있도록 하기 위한 제도적 접근을 살펴본다.

8장 AI와 이스포츠 비즈니스에서는 AI가 광고 타기팅, 팬 경험 맞춤화, 경기 예측 모델 등에 활용되어 새로운 비즈니스 기회를 창출하는 과정을 분석한다. 이스포츠 산업의 수익 모델 변화와 AI의 역할이 강조된다.

9장 AI와 이스포츠 교육의 발전에서는 AI 기반 코칭 시스템과 시뮬레이션 훈련을 중심으로 AI가 교육과정에 미치는 영향을 설명한다. 맞춤형 학습과 실시간 피드백을 통해 이스포츠 교육이 더욱 발전하는 방식을 소개한다.

10장 AI-이스포츠 융합의 새로운 지평에서는 AI가 메타버스, 블록체인 등과 결합하면서 이스포츠가 새로운 차원의 환경과 비즈니스 모델을 형성하는 과정을 탐구한다. AI를 활용한 몰입형 경기장과 미래의 혁신적 발전 방향을 조망한다.

AI는 이스포츠 산업의 모든 측면을 혁신하며, 경기 운영, 선수 훈련, 교육, 비즈니스 모델 등에서 새로운 기회를 창출하고 있다. 그러나 AI 기술의 확산은 윤리적 문제, 규제, 공정성 논란과 같은 과제도 함께 제기되고 있어 균형 잡힌 접근이 필요하다. AI와 인간의 협업을 극대화하고, 기술의 장점을 활용하면서도 스포츠의 본질과 공정성을 유지하는 방향으로 산업이 발전해야 한다. 앞으로 AI와 이스포츠의 융합은 더욱 심화될 것이며, 이를 지속 가능하고 신뢰할 수 있는 방식으로 구현하기 위한 논의와 제도적 정비가 필수적이다.

참고문헌

권민(2021.8.13). KB국민은행, 제페토에 '리브 샌드박스 아레나' 오픈. ≪서울STV뉴스≫, https://www.stvnews.kr/news/articleView.html?idxno=3506

기획재정부(2020). 시사경제용어사전. 대한민국 기획재정부.

김가은(2023.11.10). AI로 상대 전략 35%까지 예측…유럽 이스포츠 '팀 리퀴드' 구단의 혁신. ≪이데일리≫, https://www.edaily.co.kr/news/read?newsId=03152086635804408

정진성(2019.7.26). 'VR-AR로 LCK 본다' SKT, 이스포츠 5G 실감형 서비스 출시. ≪게임플≫, https://www.gameple.co.kr/news/articleView.html?idxno=149232

정찬욱(2024.1.5). ETRI, 이스포츠 승률 예측 서비스 플랫폼 개발… '정확도 87%'. ≪연합뉴스≫, https://www.yna.co.kr/view/AKR20240105089400063

조인혜(2017.8.17). '도타 2' 프로게이머를 이긴 '오픈AI' 인공지능 로봇. ≪로봇신문≫, https://www.irobotnews.com/news/articleView.html?idxn

o=11440

Beardy Nerd(2023.5.12). Augmented Reality in Sports: How AR is Changing the Game. BeardyNerd.com, https://beardynerd.com/augmented-reality/augmented-reality-in-sports-how-ar-is-changing-the-game

IBM(2023). AI가 생성한 자동 하이라이트, US 오픈에서의 활용. IBM 공식 블로그, https://www.ibm.com/blogs/us-open-ai-highlights

Pegoraro, Ann(2013). Sport fandom in the digital world. In A. C. Billings & M. Hardin(Eds.), *Routledge handbook of sport and new media*. Routledge. pp.248-257.

01
이스포츠와 AI의 상호작용

디지털 정보화 시대에 등장한 이스포츠는 대중화와 함께 급속한 성장을 이루었다. 4차 산업혁명 시대에 AI와 이스포츠의 만남은 경기 분석과 선수 훈련에서 혁신을 가져왔으며, 데이터 분석을 통해 팬들과의 소통도 강화하고 있다. AI는 다양한 분야에서 활용되며, 이스포츠의 경쟁 환경을 발전시키고 새로운 관전 문화를 형성하는 데 이바지할 것으로 기대된다. 이스포츠와 AI의 상호작용은 선수와 AI 간의 협력적 관계를 통해 미래를 혁신적이고 다채로운 방향으로 이끌고 있다.

AI와 1인 창업?

이스포츠의 등장

이스포츠(Electronic Sports, Esports)는 직역하면 전자 스포츠다. 게임산업진흥에 관한 법률 제2조 제1호에 정의된 바에 따르면 '게임물을 매개(媒介)로 해 사람과 사람 간에 기록 또는 승부를 겨루는 경기 및 부대 활동'을 말한다. 이스포츠는 디지털 정보화 시대인 1990년대 후반에 본격적으로 등장했다. PC의 보급뿐만 아니라 인터넷의 발전과 함께 멀티플레이어 온라인 게임이 인기를 끌면서 이스포츠의 초석이 다져졌다. 한국에서는 피시방 이용자들로부터 큰 인기를 얻은 블리자드의 스타크래프트와 같은 실시간 전략게임이 이스포츠를 대중화하고 게임이 스포츠화될 수 있음을 증명하는 데 중요한 역할을 했다(최은경, 2023).

당시 한국에서는 PC 게임을 활용해 승부를 겨루는 문화가 유행했고 젊은이들 사이에 빠르게 확산되면서, 국내 최초로 이스포츠 리그가 TV로 생중계됐다. 경기 · 인천 지역을 방송 권역으로 한 지상파 방송 채널과 온게임넷, MBC게임과 같은 케이블 게임 방송 채널을 통해 이스포츠 대회를 시청하는 사람들이 늘어나면서 이스포츠는 게임을 즐기는 사람들뿐만 아니라 전통 스포츠처럼 관람할 수 있는 스포츠 미디어 시장을 키울 수 있다는 성장 가능성을 보여주면서 대중에게 큰 관심을 얻었다.

이런 대중적 인기를 바탕으로 프로게이머들이 스타로 떠올라 많은 주목을 받는 현상이 일어나거나 초 · 중 · 고등학생들의 장래 희망으로 프로게이머가 급부상했다. TV 광고를 통해 알려진 '쌈장' 이기석을 비롯해, 임요환, 홍진호 등은 스타크래프트가 탄생시킨 1세대 인기 프로게이머들이다. 이들의 성공 신화는 어린 게이머들이 프로게이머를 동경하고 프로게이머가 되기 위해 노력하는 환경을 조성해 계속해서 우수한 선수들이 배출될 수 있는 선순환 구조를 만들어 냈다.

초기에는 소규모 오프라인으로 시작했던 이스포츠는 점차 자본이 투입되고 전문적인 리그와 팀이 생겨나면서 산업 규모도 확대됐다. 2010년대 들어서는 카트라이더, 피파온라인, 서든어택, 리그 오브 레전드, 도타2 등 다양한 종목이 활성화되었고, 종목 다변화와 함께 모바일 이스포츠와 같은 플랫폼의 다변화도 이뤄졌다. 그뿐만 아니라 국가대표 선발전, 국제 대회 개최 등 새로운 스포츠 문화를 형성해 나가며 다양한 산업군과의 융합을 통해 산업적 가치를 증명해 왔다. 이처럼 이스포츠가 산업적 가치와 문화적 파급력이 사회적으로 인정되면서, 한국 정부는 2012년 '이스포츠(전자스포츠)진흥에관

한법률'을 제정해 이스포츠 산업을 진흥할 수 있는 법적 근거를 마련해 국내 이스포츠 저변 확대를 위한 체계를 갖추기 시작했다.

AI의 등장으로 맞이한 이스포츠의 새 미래

AI의 등장으로 스포츠는 새로운 미래를 열어가고 있다. 전통 스포츠 산업에서 AI는 그동안 볼 수 없었던 새로운 풍경을 제시했다. AI는 경기 분석, 선수 훈련, 관전 경험 개선 등 다양한 분야에서 활용되고 있다. 대규모 자료를 수집하고 분석하는 기술은 선수들의 전략적 사고와 팀워크를 향상하는 데 기여하고 있다. 또한 팬들에게 경기와 관련된 일정, 실시간 점수, 선수 정보를 실시간으로 제공해 소통을 강화하고 이들의 소셜 미디어 활동을 분석해 맞춤형 마케팅 전략을 수립할 수 있게 한다(한남희 · 양도업 · 최세희, 2020).

미국 기술 매체 ≪마크테크포스트≫는 AI를 스포츠 산업에 활용할 수 있는 9가지 방안을 제시했다. 인재 발굴, 훈련 프로그램 제공, 운동 효율 향상, 선수 관리 계획 수립, 관객 만족도 제고, 심판 보조, 안전 확보, 스포츠 교육, 매표 등이다. 이러한 변화는 스포츠의 경쟁 환경을 한층 더 발전시키고, 새로운 형태의 관전 문화를 만들어 나갈 것으로 기대되고 있다(≪AI타임스≫, 2022). 스포츠에 적용되는 인공지능 기술은 이스포츠에도 유사하게 적용될 수 있다. 이스포츠 또한 경기에 참여하는 선수, 산업 전반에 필요한 다양한 전문 인재, 공정한 운영을 담당하는 심판, 그리고 경기를 관람하는 관람객 등 전통 스포츠와 유사한 요소들을 고루 갖추고 있기 때문이다.

한국전자통신연구원은 게임을 플레이하는 영상에서 추출한 요소들을 분석해서 실시간으로 게임의 진행 상황을 인식하고, 게임플레이(Gameplay) 흐름에서 주요 이벤트를 인지해 하이라이트를 자동으로 생성하는 기술을 개발했다. 이 기술은 국내뿐 아니라 전 세계적으로도 인기를 구가하고 있는 리그 오브 레전드(League of Legends)게임에 적용되었고, 방송 제작을 전문으로 하는 민간 업체에 기술이 이전되어 대통령배 아마추어 이스포츠 대회, 이스포츠 대학 리그, 한중일 이스포츠 대회 등의 중계방송에 활용되었다.

이런 기술은 편리하고 효율적인 기능을 제공하는 것에서 그치지 않고 게임과 플레이어, 그리고 데이터 사이에 중요한 상호작용을 통해 발전된다. 게임플레이 영상을 분석해 실시간으로 중요한 순간을 인식하고 하이라이트를 생성하는데, 이 과정에서 플레이어의 행동과 전략이라는 데이터가 AI에 제공되면 AI는 이를 학습해 플레이어의 게임 스타일을 프로파일링하고, 그에 맞는 전략적 조언을 제공하는 역할도 할 수 있다. 이에 따라 플레이어가 AI로부터 받은 피드백을 기반으로 자신의 전략을 더욱 발전시키는 양방향적인 성장이 이루어진다. 이러한 상호작용은 이스포츠 경기의 전반적인 수준을 끌어올리며, 이스포츠 선수와 AI가 함께 성장하는 협력적 관계를 만들어 나간다.

이처럼 AI와 이스포츠는 서로 영향을 주고받으며 함께 변화하고 있다. AI는 이스포츠 안에서 선수의 훈련을 돕거나 경기 전략을 분석하고, 심판 역할을 보조하거나 관람자의 경험을 높이는 데 쓰이고 있다. 반대로 이스포츠는 AI가 실제 환경에서 실험되고 발전할 수 있는 중요한 무대가 되고 있다. 이런 상호작용 덕분에 이스포츠는 더 빠르게 발전하고, AI도 다양한 방식으로 현실에 적용될 수 있는 길을 넓혀가고 있다.

참고문헌

정병일(2022.10.17). AI가 스포츠산업 판도 바꾸는 9가지 방법, ≪AI타임스≫,

https://www.aitimes.com/news/articleView.html?idxno=147358
정찬욱(2024.1.5). ETRI, 이스포츠 승률 예측 서비스 플랫폼 개발… '정확도 87%'. ≪연합뉴스≫, https://www.yna.co.kr/view/AKR20240105089400063
최은경(2023). 이스포츠의 역사를 다시 돌아보다. ≪게임이용자보호와 자율규제 통권≫, 12, https://www.dbpia.co.kr/journal/articleDetail?nodeId=NODE11544872
한국이스포츠협회(2008). 『이스포츠 10년사(1998~2007)』. 한국이스포츠협회.
한국이스포츠협회(2019). 『이스포츠 20년사(2008~2017)』. 한국이스포츠협회.
한남희 외(2020). 4차산업혁명과 스포츠융복합산업의 적용 사례 분석. ≪한국스포츠학회≫, 18(3).

02
AI와 이스포츠의 변화

AI는 이스포츠의 전반적인 환경을 혁신적으로 변화시키고 있다. 전략 분석, 훈련, 경제적 구조, 콘텐츠 생산 방식에 이르기까지 AI의 도입은 이스포츠 산업의 미래를 더욱 과학적이고 효율적인 방향으로 이끌고 있다. 전통적 AI와 생성형 AI는 이스포츠에서 서로 보완적인 역할을 하며, 이들의 조화는 더 강력한 솔루션을 창출할 수 있다. 이러한 변화는 이스포츠가 글로벌 산업을 주도하는 데 기여할 것이다.

AI와 MBTI?

인공지능(AI)과 생성형 AI

생성형 AI와 전통적 AI는 각각의 특성과 활용 방식에서 뚜렷한 차이를 보인다. 전통적 AI는 특정 작업을 수행하기 위해 설계된 시스템으로, 주로 정해진 규칙과 알고리즘에 따라 작동한다. 이러한 AI는 데이터를 학습하고, 그에 기반해 예측이나 결정을 내릴 수 있지만, 새로운 아이디어나 콘텐츠를 창출하는 능력은 없다. 예를 들어, 애플의 시리나 알렉사와 같은 음성 비서, 넷플릭스의 추천 시스템, 구글 검색 알고리즘 등이 여기에 해당한다. 이들은 특정 규칙을 따르며 정해진 작업을 효과적으로 수행하지만, 창의적인 결과물을 만들어 내지는 않는다.

반면, 생성형 AI는 더 발전된 형태의 인공지능으로, 기존의 데이터를 활용해 독창적이고 창의적인 콘텐츠를 만들어 내는 능력을 갖추고 있다. 이러한 AI는 주어진 정보를 바탕으로 새로운 텍스트, 이미지, 음악, 심지어 컴퓨터 코드까지 생성할 수 있다. 예를 들어, 오픈AI의 GPT-4는 방대한 양의 인터넷 데이터를 통해 훈련되어, 사람이 쓴 글과 유사한 수준의 텍스트를 생성하는 데 능숙하다. 생성형 AI는 기본적인 패턴을 학습하고, 이를 바탕으로 새로운 데이터를 생성하는 방식으로 작동한다(박정한, 2023).

생성형 AI와 전통적 AI의 주요 차이점은 기능과 애플리케이션에서 뚜렷하게 나타난다. 전통적 AI는 주로 데이터를 분석하고 예측하는 데 초점을 맞추고 있으며, 이는 이스포츠에서도 큰 역할을 한다. 예를 들어, 선수의 경기 데이터를 분석해 전략을 제안하거나, 상대 팀의 패턴을 파악하는 데 유용하다. 반면, 생성형 AI는 한 단계 더 나아가 훈련 데이터와 유사한 새로운 콘텐츠를 만들어 낼 수 있다. 이스포츠에서는 생성형 AI가 새로운 캐릭터 디자인, 게임 방식, 또는 줄거리 흐름을 창조하는 데 활용될 수 있어, 게임의 다양성과 창의성을 더욱 극대화할 수 있다.

실질적으로 생성형 AI는 이스포츠 분야에서 창의성과 혁신을 끌어낼 수 있는 잠재력을 가지고 있다. 예를 들어, 플레이어의 행동을 분석해 맞춤형 전략을 제시할 수 있다. 전통적 AI는 효율성을 최적화하는 데 기여하며, 사용자 행동 데이터를 분석해 생성형 AI가 개인화된 콘텐츠를 만드는 데 필요한 인사이트를 제공한다.

전통적 AI와 생성형 AI는 서로 보완적인 역할을 하며, 이스포츠에서 이들의 조화는 더 강력한 솔루션을 창출할 수 있다. 각각의 가능성을 최대한 활용하는 것이 앞으로의 경쟁력에 핵심이 될 것이다.

AI가 앞당긴 이스포츠의 변화

AI는 이스포츠의 경쟁 구도와 경제적 구조에 빠른 변화를 일으키고 있다. 특히 운영 효율성을 크게 높이며, 이스포츠 산업의 새로운 방향을 제시하고 그 변화를 앞당기고 있다.

최근 AI는 이스포츠 팀이 경기를 준비하고 전략을 짜는 과정에서도 중요한 도구로 자리 잡고 있다. 대표적인 사례로, 15개 이상의 종목을 운영하는 글로벌 이스포츠 팀인 팀 리퀴드(Team Liquid)는 AI를 활용해 상대 팀의 전략을 최대 35%까지 예측할 수 있는 시스템을 구축했다. 이들은 독일 다국적 소프트웨어 회사 SAP와 협력해 과거 경기 데이터를 분석하고, 이를 바탕으로 상대 팀의 선호 전략과 챔피언 선택을 예측하는 모델을 개발했다. 이 시스템은 1.6테라바이트 이상의 데이터를 처리해 각 경기의 승리 가능성을 시뮬레이션하고, 경기 준비 시간을 대폭 단축하게 했다. 경기 중에 발생할 수 있는 여러 시나리오를 미리 대비하게 해주며, 상대의 의도와 전략을 예측해 유리한 위치에서 경기를 시작할 수 있도록 돕는다. 이러한 데이터 기반 전략 수립은 팀의 운영 효율성을 높이는 데 기여하고 있다(김가은, 2023).

AI는 선수들의 훈련 과정에도 혁신적인 변화를 불러

오고 있다. 기존에는 실제 선수들과의 대전이 주를 이루었으나, 이제는 AI 봇을 통해 맞춤형 훈련이 가능해졌다. 오픈AI가 개발한 AI 봇은 도타 2에서 인간 프로 선수들을 상대로 압도적인 성과를 보여주었고, 이러한 AI 봇들은 다양한 전략을 시뮬레이션해 선수의 실력을 높이는 데 큰 도움을 준다(조인혜, 2017).

이스포츠 팀 운영에도 AI의 영향이 크다. 2023년, 국내의 한 비주얼 테크 솔루션 기업은 SBXG를 인수했다. SBXG는 이스포츠팀 리브 샌드박스를 운영할 뿐 아니라 게임, 콘텐츠, 소매 부분에 걸쳐 다양한 수익 모델을 갖춘 기업이다. SBXG는 데이터 기반 AI 전력 분석 기술을 선수단 운영에 도입해 실질적인 성과를 낸 것으로 알려졌다. 이 기업은 SBXG 인수를 통해서 이스포츠 산업 내 다양한 소비자 접점을 확보하고 비즈니스를 확장하는 전략을 세우고 있다. 소속 선수의 IP를 활용해 초실감 콘텐츠를 제작하고, 이스포츠 교육 프로그램도 콘텐츠화할 계획이다. 여기에 더해서 소속 스트리머들의 방송 영상을 고도화해 인공지능 기반의 실감형 영상 콘텐츠 사업에도 본격적으로 나설 예정이다.(조광현, 2023). SBXG는 AI와의 결합을 통해 새로운 성장 동력을 확보하고 수익 모델을 확보하는 데 노력하고 있으며, 이러한 시도는 더 많은 국내 이스포츠 팀들이 AI 기술을 적극적으로 도입하는 변화의 흐름을 촉진할 것으로 보인다.

AI는 이스포츠의 경제적 구조에도 중요한 변화를 일으키고 있다. 선수들은 AI를 통해 더 많은 스폰서십 기회를 얻고 있으며, 이는 단순히 경기 성과뿐만 아니라 소셜 미디어 활동까지 종합적으로 분석한 결과다. 한 사례로, 글로벌 팀인 팀 리퀴드는 AI를 활용해 팀의 소셜 미디어 데이터를 정밀하게 분석하고, 이를 통해 스폰서와의 연결 가능성을 높이고 있다. AI는 나아가 경기 기록과 선수 성과를 기반으로, 스폰서들이 투자할 만한 팀과 선수를 더욱 명확하게 파악할 수 있도록 도와준다. 덕분에 이스포츠의 비즈니스 모델도 점점 더 정교해지고 있다.

유럽의 이스포츠팀 G2 Esports는 AI 도구를 통해 디지털 미디어 관리를 자동화해 선수들의 소셜 미디어 게시물 참여를 27만 건 이상 늘리고, 이를 통해 더 많은 스폰서와 팬들의 관심을 끌었다. 이는 수작업으로 소셜 미디어 콘텐츠를 관리하는 시간과 비용을 절감하면서도 더 효율적으로 스폰서 가치를 극대화하는 방식이다.

AI는 이스포츠 방송의 상업적 가치를 극대화하는 데도 중요한 역할을 한다. AI는 시청자들의 관심사와 선호도를 분석해 맞춤형 광고와 콘텐츠를 제공함으로써, 더 많은 시청자와 스폰서를 끌어들이는 데 기여하고 있다.

한국전자통신연구원이 개발한 AI 기반 이스포츠 분석 플랫폼은 게임 종목사에 의존하지 않고 실시간 게임 화면 분석을 통해 다양한 서비스를 제공할 수 있다. 이스포츠 경기의 해설을 위해서는 게임 진행에 따라서 지속해서 변하는 재화 통계, 시야, 아이템 선택 상황 등 다양하고 복잡한 정보들을 사용한다. 이런 방대한 자료를 수집하고 분석해 생중계 서비스에 적용하기 위해서는 게임 종목사가 제공하는 API(Application Programming Interface) 접근이 필수이다(이상광 외, 2021). 게임사가 제공하는 API는 많은 장점을 가지고 있으며 다양하게 활용되지만, 제한된 접근성과 데이터의 범위, 그리고 실시간 데이터 제공이나 제공량에 한계를 가지고 있다. 때에 따라서는 데이터 서비스를 유료로 판매하기도 한다. AI를 활용한다면 게임사로부터 독립적으로 이스포츠 경기 데이터를 직접적으로 수집해 더 많은 데이터에 접근하고 분석하는 것이 쉬워진다.

결론적으로, AI는 이스포츠의 전반적인 환경을 혁신적으로 변화시키고 있다. 전략 분석부터 훈련, 경제적 구조, 콘텐츠 제작에 이르기까지 AI의 도입은 이스포츠 산업을 더욱더 과학적이고 효율적인 방향으로 이끌고 있다. AI와 이스포츠의 결합은 앞으로도 많은 변화를 일으킬 것이며, 이러한 변화는 이스포츠가 글로벌 엔터테인먼트 산업에서 더욱 강력한 위치를 차지하는 데 기여할 것이다.

참고문헌

김가은(2023.11.10). AI로 상대 전략 35%까지 예측…유럽 이스포츠 '팀 리퀴드' 구단의 혁신. ≪이데일리≫, https://www.edaily.co.kr/news/read?newsId=03152086635804408

박정한(2023.7.26). 생성형 AI와 전통적 AI는 무엇이 다른가. ≪글로벌이코노믹≫, https://www.g-enews.com/article/ICT/2023/07/20230726104248514137926aa152_1

이상광 외(2021). e-스포츠 서비스를 위한 인공지능 기반 게임 분석 기술 동향. ≪한국콘텐츠학회 2021 종합학술대회≫, https://www.dbpia.co.kr/Journal/articleDetail?nodeId=NODE10603900

정찬욱(2024.1.5). ETRI, 이스포츠 승률 예측 서비스 플랫폼 개발…'정확도 87%'. ≪연합뉴스≫, https://www.yna.co.kr/view/AKR20240105089400063

조광현(2023.3.27). 포바이포, 이스포츠 기업 SBXG(구, 샌드박스게이밍) 인수. ≪매일경제≫, https://www.mk.co.kr/news/business/10696753

조인혜(2017.8.17). '도타 2' 프로게이머를 이긴 '오픈AI' 인공지능 로봇. ≪로봇신문≫,

https://www.irobotnews.com/news/articleView.html?idxno=11440

Kostic, Milica(2021.1.19). The Impact of AI on Esport SWISS COGNITIVE. https://swisscognitive.ch/2021/01/19/the-impact-of-ai-on-esport

Minardi, Paula(2021.7.20). Streamlining Digital Media Operations Boosts Productivity and Sponsor Value. Greenfly Blog, https://www.greenfly.com/blog/g2-esports-social-media-engagement/

03
이스포츠의 AI 응용

텍스트, 이미지, 음성, 비디오, 3D, VR, XR, 메타버스 등 다양한 콘텐츠가 융합된 이스포츠에서는 AI의 활용이 특히 두드러지고 있다. 이러한 기술적 융합을 바탕으로, 이스포츠는 영상 기반 게임을 중심으로 한 새로운 스포츠 엔터테인먼트로 빠르게 성장하고 있다.

AI와 난임 극복?

4차 산업혁명과 이스포츠

4차 산업혁명은 물리 세계, 디지털 세계, 생물 세계가 융합되는 새로운 산업 시대를 의미하며, 이는 경제와 사회의 모든 영역에 깊은 영향을 미치고 있다. 혁신적인 기술인 물리 사물인터넷(IoT), 로봇공학, 인공지능(AI), 가상현실(VR) 등은 우리의 생활과 업무 처리 방식을 변화시키고 있으며(기획재정부, 2020), 이러한 변화는 이스포츠와도 밀접한 관계를 형성하고 있다.

이스포츠는 4차 산업혁명의 핵심 기술들이 집약된 분야로, 특히 AI와 데이터 분석의 활용에서 그 강점을 드러낸다. AI는 선수의 성과와 경기 데이터를 분석해 전략 수립과 훈련 방식 개선에 기여하고, 팀 운영의 효율성을 높이는 데 중요한 역할을 하며, 이는 4차 산업혁명에서 강조되는 데이터 활용의 중요성을 잘 보여준다.

이스포츠는 기술 혁신의 최전선에서 새로운 가능성을 탐구하는 공간으로, 다양한 시도들이 이뤄지고 있다. 예를 들어, VR과 AR 기술은 관객 경험을 혁신적으로 변화시키고, 새로운 형태의 커뮤니케이션과 소통 방식을 가져다준다. 가상현실(VR)은 관객이 마치 실제 경기장에 있는 듯한 몰입감을 제공하며, 증강현실(AR)은 경기 중 실시간 정보를 시각적으로 제공해 관객의 이해도를 높인다. 이스포츠의 참여성과 몰입감을 높임으로써 4차 산업혁명이 가져온 디지털 상호작용의 확장을 반영한다(Beard Nerd, 2023).

또한 이 기술들은 이스포츠의 세계화와 접근성을 높이는 데도 기여하고 있다. 디지털 플랫폼과 스트리밍 서비스의 발전으로 전 세계의 팬들이 실시간으로 경기를 관람할 수 있게 되었으며, 이는 이스포츠의 시장 확대와 팬층 다변화에 기여하고 있다. 이러한 변화는 4차 산업혁명이 가져온 디지털 혁명의 연장선에 있다(Ann Pegoraro, 2013).

4차 산업혁명은 이스포츠의 발전에 필수적인 혁신적 기술을 제공하며, 이스포츠는 이러한 기술이 실제로 적용되고 실험의 장이 되는 중요한 분야로 자리 잡고 있다. 이스포츠는 단순한 게임을 넘어서서 기술과 문화가 결합한 새로운 형태의 엔터테인먼트로 진화하고 있으며, 앞으로도 4차 산업혁명 기술과의 밀접한 관계는 더욱 강화될 것으로 기대된다.

AR/VR과 함께하는 미래 이스포츠

현실 화면에 문자, 그래픽과 같은 가상 정보를 실시간으로 중첩해 하나의 영상으로 보여주는 증강현실(AR)과

컴퓨터를 이용해 가상 환경을 현실과 같이 실감 나게 만든 가상현실(VR) 기술은 이스포츠에서도 자연스럽게 활용되는 기술이 되었다.

독일의 이스포츠 기업 ESL(Electronic Sports League)은 일찌감치 VR기기 제조사 오큘러스와 글로벌 VR 이스포츠 대회인 'VR 리그(VR League)'를 주최하며 VR 이스포츠의 활성화를 적극적으로 추진했다(≪IT조선≫, 2019). 2014년부터 시작된 증강현실 AR 피구인 HADO 세계대회는 지금까지도 꾸준히 개최되고 있으며, 한국도 21년부터 대열에 합류해 작년 HADO 월드컵 2023에서 4위를 달성한 바 있다. 증강현실 기술을 통해 선수들은 실시간으로 공격과 방어를 동시에 수행할 수 있는 양방향 기술을 선보였고, 이는 관객들에게도 새로운 차원을 경험할 수 있게 했다.

국내에서도 FPS 장르의 게임 스페셜포스 1, 2를 연달아 이스포츠화에 성공했던 게임사 드래곤플라이의 스페셜포스 VR의 토너먼트가 2019년 시도되었다(김진욱, 2019). 같은 해 스마일게이트도 자사가 운영하는 VR 게임장 스토브 VR에서 '시리어스샘 VR', '비트 스매쉬 VR' 게임을 활용한 이스포츠 대회를 개최하며 이용자들의 VR 게임 관심도를 높였다(송가영, 2020).

세계에서 가장 권위 있고 규모가 큰 스포츠 대회 올림픽을 주관하고 있는 국제올림픽위원회(International Olympic Committee, IOC)는 초기에는 이스포츠를 보수적으로 바라보며 게임보다는 VR 스포츠에 먼저 주목했다. 하지만 2019년에 이스포츠 리에종 그룹(Esports and Gaming Liaison Group, ELG)을 만들면서 비디오 게임과 올림픽 가치와의 상생을 논하기 시작했다. 2021년 IOC는 도쿄올림픽 직전에 열린 올림픽 버추얼 시리즈(Olympic Virtual Series, OVS)에서 모터스포츠 종목으로 그란 투리스모 시리즈(레이싱 게임)를, 사이클 종목으로 즈위프트(Zwift, 사이클 시뮬레이션 게임)를, 야구 종목으로 eBASEBALL 파워풀 프로야구 2020(야구 육성 게임) 등 총 5개의 버추얼 종목이 시도되었다. 이후 IOC는 2023년 싱가포르에서 올림픽 이스포츠 위크(Olympic Esports Week)를 개최하며 태권도, 요트, 모터스포츠, 사격 등의 버추얼 스포츠 종목들과 함께 포트나이트, 스트리트 파이터6, 로켓리그와 같은 전통 이스포츠 게임들도 시범 종목에 포함하며 VR과 비디오 게임을 이스포츠라는 이름으로 범주화시켰다.

AR과 VR은 게임플레이 기술뿐 아니라 중계에도 적용될 수 있다. AR의 경우 현실과의 조화를 통해 현실감을 더하며, VR은 가상현실을 실감 나게 전달해 더욱 생생한 현장감을 전달할 수 있어 공연 및 스포츠 중계에 강점이 있다는 특징을 가지고 있다. 또한 게임사가 주도적으로 정보를 전달하는 기존의 중계 방식보다 AR/VR 기술을 중계에 도입해 주도적으로 정보를 습득하고자 하는 시청자들의 요구 사항도 있는 것으로 나타났다(최성훈 · 주다영, 2023).

국내 인터넷 방송 플랫폼 아프리카TV는 VR과 AR을 활용한 이스포츠 관람 환경을 시도했다. 사전에 위치 기반 데이터를 심어두어, 대회 중에 휴대 전화 화면을 경기장에 비추면 실제 경기를 하는 선수들의 정보를 볼 수 있게 했다. 기존 중계용 카메라를 통해 영상만을 스크린으로 제공하는 방식보다 관람객들이 능동적인 형태로 이스포츠를 즐길 수 있게 새로운 시청 방식을 제공한 것이다(김건호, 2020).

또한 SK텔레콤은 실감형 5G AR/VR 서비스를 출시하면서 국내 이스포츠 중계에 AR과 VR 기술이 적극적으로 도입되고 있음을 보여줬다. 기존의 단순한 영상 중계에서 벗어나서 팬들이 스스로 원하는 선수의 시야를 선택해서 볼 수 있게 하거나, 360도로 볼 수 있는 VR 환경을 제공해 경기장의 열기를 직접 느낄 수 있게 했다(정진성,

2019).

이와 같은 실감형 중계 기술은 기존 이스포츠의 열성 팬 조직을 더욱 강화하고, 오프라인으로 관람하지 못하는 팬들, 온라인에서 관람을 즐기는 팬들에게 색다른 경험을 제공하며 몰입감 있는 경험으로 진화하고 있다.

메타버스 속 이스포츠

메타버스(Metaverse)는 가상(Meta)과 우주(Universe)의 합성어로, 온라인 속 가상공간에서 아바타 모습으로 구현한 개인이 사회적 상호 소통이나 경제 활동과 같은 현실 활동을 그대로 실행할 수 있는 가상 세계 플랫폼을 의미한다. 기존의 가상현실(VR)보다 더 확장되고 진보된 개념으로, 가상 세계와 현실 세계의 경계가 허물어지는 세계를 의미한다(과학기술정보통신부, 2021).

국내에서도 메타버스를 활용한 다양한 이스포츠 활동들을 찾아볼 수 있다. 리그 오브 레전드 프로리그인 LCK 참가팀 리브 샌드박스는 후원사인 KB국민은행과 협업해서 가상 팬 커뮤니티 공간을 마련했다. 메타버스 플랫폼 제페토에 오픈된 리브 샌드박스 아레나(Liiv SANDBOX Arena)는 2021년 코로나19로 인해 무관중 경기가 진행될 당시 현장 응원이 어려운 팬들의 소통을 위해 마련됐다.

주 경기장, 메인 홀, 대기 공간 등에서 다른 팬들과 아바타로 소통할 수 있을 뿐만 아니라 응원 이벤트와 같은 마케팅 활동도 펼쳐졌다(권민, 2021). 이처럼 메타버스 공간은 이스포츠와 관련해 다양한 비대면 행사를 진행할 때 사용될 수 있다.

소프트웨어 개발업체 알토비전은 메타버스 전문 기업 시어스랩과 게임 및 이스포츠 전문 제작사 OGN과 함께 문화체육관광부 산하 한국콘텐츠진흥원의 문화 산업 선도형 기술 개발 사업의 일환으로 메타버스 디지털 트윈 기반 이스포츠 경기장 초현실 체험 기술 개발 연구를 수행 중이다(정영미, 2023). 디지털 트윈 기술은 실제 물리적 환경이나 사물의 디지털 복제본을 만들어 가상 세계에서 실시간으로 모니터링, 분석, 시뮬레이션할 수 있는 기술이다. 이 플랫폼은 디지털 트윈 기술을 통해 실제 경기장을 가상으로 구현하며, 다양한 시청 옵션과 팬들의 참여를 극대화하는 기능을 제공한다. 현재 광주 이스포츠 경기장과 상암 아프리카 콜로세움의 디지털 트윈 작업이 완료되었고, 2024년 시범 대회를 거쳐 2025년 정식 출시를 목표로 하고 있다.

메타버스는 익숙하고 편리한 접근성을 바탕으로 IT 기술의 혁신을 이끌며 다양한 시도를 가능하게 해, 이스포츠와 문화 산업 전반에서 적극적으로 활용되고 있다. 특히, 팬들이 메타버스 플랫폼을 통해 새로운 방식으로 참여할 수 있는 기회를 제공함으로써, 글로벌 팬덤 문화가 더욱 확장되는 추세이다. 이러한 변화는 기존의 물리적 한계를 넘어서며, 더 많은 사람이 새로운 경험과 상호작용을 통해 이스포츠와 문화 콘텐츠에 쉽게 접근하고 즐길 수 있도록 하고 있다.

참고문헌

IT조선(2019.7.11). 점점 커지는 VR 이스포츠…상금 3억 원 대회는 무엇?.
https://m.post.naver.com/viewer/postView.naver?volumeNo=22246692&memberNo=11441650

과학기술정보통신부(2021.5.21). ≪과학기술 & ICT 정책 · 기술 동향≫ 191.

권민(2021.8.13). KB국민은행, 제페토에 '리브 샌드박스 아레나' 오픈. 서울STV뉴스,
https://www.stvnews.kr/news/articleView.html?idxno=3506

기획재정부(2020.11.3.). 4차 산업혁명. 시사경제용어사전,
https://www.moef.go.kr/sisa/dictionary/detail?idx=11

김건호(2020.12.16). 토종 플랫폼의 자존심, 이제 VR 이스포츠로 도약 꿈꾼다 [창의 · 혁신 현장을 가다]. ≪세계일보≫,
https://www.segye.com/newsView/20201215514331

김정민(2023.10.27). 'HADO 월드컵 2023: 대한민국, 세계 무대에서 빛나다'… 4위라는 쾌거 달성. ≪서울자치신문≫, https://www.onseoul.net/news/articleView.html?idxno=29896

김진욱(2019.08.26.). 드래곤플라이 VR 이스포츠 대회 '스페셜포스 VR ACE' 개최. ≪스포츠서울≫, https://www.sportsseoul.com/news/read/810065

송가영(2020.8.11). 스마일게이트, VR사업 탄력 받을까? 최근 VR' 활용 이스포츠 대회 개최. ≪시사위크≫, http://www.sisaweek.com/news/articleView.html?idxno=136580

올림픽 이스포츠 위크 홈페이지, https://olympics.com/ko/esports/olympic-esports-week

정영미(2023.11.23). 알토비전, '메타스타디움 플랫폼' 개발… '초현실 이스포츠 관람 가능'. ≪이뉴스투데이≫, https://www.enewstoday.co.kr/news/articleView.html?idxno=2060538

정진성(2019.7.26). 'VR-AR로 LCK 본다' SKT, 이스포츠 5G 실감형 서비스 출시. ≪게임플≫, https://www.gameple.co.kr/news/articleView.html?idxno=149232

최성훈 · 주다영(2023.2.1). AR/VR 기반 e 스포츠 중계에 대한 소비자 선호도 및 필요성 연구 -리그 오브 레전드 중계를 중심으로-. 한국HCI학회 학술대회.

Beardy Nerd(2023.05.12). Augmented Reality in Sports: How AR is Changing the Game, BeardyNerd.com, https://beardynerd.com/augmented-reality/augmented-reality-in-sports-how-ar-is-changing-the-game

Pegoraro, Ann(2013). Sport fandom in the digital world. In A. C.

Billings & M. Hardin(Eds.), *Routledge handbook of sport and new media*. Routledge. pp.248–257.

04
AI와 이스포츠 직업

이스포츠 산업에서는 다양한 직무에 종사하는 전문가들이 협력하며 상호작용하고 있다. AI 기술의 도입으로 다양한 이스포츠 직무에서 변화가 나타나고 있다. 이 변화 속에서 인간은 AI와 협력해 전략적 사고와 통찰력을 발휘해 새로운 가치 창출을 하고 있다.

AI와 사주?

이스포츠의 직업 세계

이스포츠 산업에서는 이스포츠 대회와 방송을 중심으로 다양한 직무가 상호작용하고 있다. 이스포츠 선수는 공식 대회에서 팀 또는 개인으로 조직화된 경쟁 게임에 참여하며, 대회 외적으로는 훈련에 참여하거나 인터넷 방송 플랫폼을 통해 게임플레이를 실시간으로 방송하는 스트리머(Streamer)가 되어 팬들과 소통한다. 이들을 관리하고 훈련하는 코칭스태프의 역할도 필수적이다. 감독과 코치는 선수단의 훈련 계획을 수립하고, 팀의 전반적인 전략을 설계한다. 분석가는 경기 자료를 수집 및 분석해 팀의 전략 수립을 돕는다. 이와 함께 사무국에 소속된 팀 매니저는 선수 계약, 일정 관리, 운영 전반을 책임지며, 스카우트는 유망한 선수를 발굴하고 모집한다.

방송과 관련된 직무도 다양하다. 게임 캐스터는 이스포츠 대회 중계에서 진행과 정보 전달의 역할을 한다. 이스포츠 아나운서는 이스포츠 중계뿐 아니라 게임과 이스포츠 전반을 아우르는 프로그램에서 진행은 물론 리포터, 인터뷰, 패널까지 다양한 역할을 소화한다. 이스포츠 해설은 실시간으로 경기 상황을 분석해 시청자에게 설명한다. 경기의 주요 장면을 관중에게 보여주는 역할을 하는 옵서버는 스포츠 중계방송의 카메라맨과 같다. 이들은 관전자의 관점에서 경기 진행 상황을 이해하기 쉽도록 비춰 주는 역할을 한다. 방송 기술자는 방송의 기술적 문제를 해결하고, 프로듀서는 방송의 시각적 구성과 연출을 맡는다. 방송 작가는 선수 자료를 수집하고 방송 화면의 각종 자막, 중계진 대본 작성을 도맡아 하고 있다(남윤성 · 윤아름, 2021). 콘텐츠 크리에이터(Contents Creator)는 이스포츠와 관련된 다양한 영상, 가이드, 대회 분석 또는 하이라이트 영상 등을 제작하고 공유한다.

대회와 행사 운영 분야에서는 대회 기획자와 행사 매니저가 중요한 역할을 한다. 대회 기획자는 경기 일정, 규칙, 운영 등을 계획하고, 행사 매니저는 대규모 이벤트의 기획과 실행을 관리한다. 심판은 규정에 기반해 경기를 운영하고 판정을 내리며, 마케팅 전문가는 대회를 홍보해 관중과 스폰서를 유치한다. 마케팅 전문가는 담당 업무에 따라서 브랜드 전략을 수립하는 브랜드 매니저, 스폰서 사와의 계약과 소통을 담당하는 스폰서십 코디네이터, 그리고 온라인에서 팬들과 교류하고 SNS 콘텐츠를 관리하는 소셜 미디어 매니저, 대중과 소통하고 매체들을 관리하는 홍보 전문가, 굿즈 제작과 판매를 관리하는 굿즈 디자이너 등 다양한 직무로 세분된다.

이 외에도 그래픽 디자이너와 비디오 편집자는 시각

적 콘텐츠를 제작하고, 이스포츠 기자는 취재를 통해 뉴스와 분석 기사를 작성하며, 번역가와 통역사는 국제 대회에서의 의사소통은 물론, 기획 단계에서의 국제 업무 조율에도 중간 다리 역할을 한다. 심리 전문가는 선수의 정신 건강을 관리하고, 피지컬 트레이너와 영양사는 선수들의 신체적 건강과 식단을 책임진다. 이처럼 이스포츠 산업은 경기와 방송, 이벤트, 기술, 마케팅 등 다양한 직무가 서로 협력해 발전하고 있으며, 각 직무가 독립적으로 기능하면서도 상호 보완적인 구조를 형성하고 있다.

AI로 인한 이스포츠 직무의 변화

이스포츠 산업에서는 다양한 직무들이 AI 기술의 도입으로 변화하고 있다. 이러한 변화는 경기 중계, 분석, 홍보, 콘텐츠 제작 등 여러 분야에 걸쳐 진행되고 있으며, 일부 직무는 AI 기술에 의해 상당 부분 자동화되거나 대체되고 있다. AI 기술은 반복적이고 기본적인 자료 수집의 자동화를 해낼 뿐 아니라, 기존 콘텐츠들의 패턴을 학습해서 텍스트, 이미지, 동영상, 음악, 미디어까지 새로운 콘텐츠를 만들어 내는 생성형 AI는 이스포츠 직무들의 많은 역할을 대체하고 있다. 이런 기능들을 응용해 작문, 예술, 프로그램, 코딩, 의료, 금융, 마케팅, 패션 등 많은 영역을 해내고 관련된 직업에 영향을 미치고 있다(후슬랭, 2024).

먼저 선수단과 밀접한 경기 분석의 영역에서 변화를 살펴볼 수 있다. 기존의 분석가와 코치는 선수들의 플레이 자료를 수집하고 경기 영상을 분석해 전략을 세우는 일을 했다. 그러나 AI 기술의 발달로 인해 이제는 AI가 경기 데이터를 실시간으로 분석하고 수집한 데이터를 바탕으로 더욱 전략적인 판단에 집중할 수 있게 한다. 이와 같은 데이터를 전문적으로 제공해 주는 데이터 플랫폼 서비스가 있는가 하면 이적 시장에서 선수들의 몸값을 책정하고 영입하는 과정에서 스카우트들과 에이전트들의 정보 수집에 보조적인 역할을 한다(강윤식, 2022).

경기 중계와 해설 분야에서도 AI의 도입이 활발하다. AI는 실시간으로 경기 상황을 분석해 해설자에게 유용한 데이터를 제공하고, 자동으로 경기의 하이라이트 영상을 생성할 수 있다(정찬욱, 2024). 특히 경기 중 AI는 빠르게 변화하는 상황을 분석해 주요 장면을 실시간으로 시청자에게 보여줄 수 있도록 도와준다. 이러한 기술은 경기의 복잡한 상황을 빠르고 객관적으로 시청자에게 전달할 수 있게 하며, 해설자와 옵서버, 방송 기술자의 역할을 일부 대체하고 있다. 선수와 경기 자료를 수집해 방송 화면의 자막과 대본을 작성하고, 경기 중계에 필요한 정보를 미리 준비하는 역할을 하는 방송 작가의 작업은 상당 부분 보조되거나 대체되고 있다. AI는 쉽고 빠르게 이전 경기 기록과 선수 데이터를 바탕으로 주요 이야깃거리를 정리하고, 이를 토대로 기본적인 대본 초안을 작성할 수 있다. 방송 작가는 AI가 만들어 낸 초안을 바탕으로 구체적인 내용을 다듬고, 해설자나 진행자가 더욱 매끄럽게 설명할 수 있도록 최적화된 대본을 준비하는 데 집중한다.

번역과 통역 업무에서도 AI의 역할은 유용하다. 국제 이스포츠 대회의 경우 다양한 언어를 사용하는 선수와 관중이 많아 다국어 통・번역이 필수적이다. AI 기반의 통・번역 시스템은 경기 정보와 홍보 콘텐츠를 다양한 언어로 자동 번역할 수 있으며, 이는 대회 운영과 함께 다양한 나라에서 콘텐츠를 소비하는 팬들과의 커뮤니케이션 접점을 높이고 비용 효율성을 좋게 하고 있다.

AI는 홍보와 콘텐츠 제작 분야에도 많은 변화를 불러왔다. 과거에는 이스포츠 콘텐츠 크리에이터들이 경기 결과를 일일이 분석하고 하이라이트 영상을 수작업으로 제작해야 했다. 하지만 현재 AI는 간단한 명령어 몇 줄로 영상을 제작할 수 있다. 고화질, 섬세한 표현, 세련된 연출 기법에 더해 스스로 스토리텔링까지 해내는 영상 제작 플랫폼까지 개발되었다. 아이디어 한 줄로 각본부터 촬영, 연출, 편집까지 디자이너와 영상 편집자의 일을 단 몇 분 만에 대체할 수 있게 됐다(김영은, 2024).

이스포츠 기자는 경기 소식, 선수 인터뷰, 팀 전략 분석 등 다양한 주제에 관해 기사를 작성하는 역할을 한다. AI 기술은 신문과 방송 편집 과정에서 단순하고 반복적인 작업을 분담해, 기자가 보다 많은 데이터를 처리하고 핵심적인 업무에 집중할 수 있도록 돕고 있다(이민화, 2016). 예를 들어 통계를 바탕으로 기사를 자동으로 작성하거나 하이라이트를 요약하는 식이다. 이스포츠 리그의 기본적인 경기 결과나 순위 변동과 같은 단순한 기사는 AI가 신속하게 처리하고, 기자는 AI가 수집한 데이터를 바탕으로 기사 주제를 선정하거나 독자들의 반응과 의견을 분석할 수 있다. 또한 심층 분석이나 주요 인물 취재, 선수단 인터뷰 등 더욱 질 높은 기사를 작성하는 데 집중할 수 있게 돕는다.

이처럼 데이터 분석과 중계, 자료 조사 등 반복적이고 패턴화된 업무뿐만 아니라, 기사나 대본 작성, 홍보 콘텐츠 제작처럼 창의성이 요구되는 역할까지 점차 AI로 대체되고 있다. AI 기술의 도입은 이스포츠 산업의 효율성을 높이는 동시에, 기존 직무에 대한 재정의를 요구하고 있는 것이다. 따라서 이스포츠 산업에서 활동하는 직업인들과 취업을 바라는 사람들은 더 전략적이고 통찰력 있는 영역에서의 활약, 그리고 AI와의 협업을 통해 효율성과 정확성을 높이고 새로운 가치를 생성하는 역할에 집중할 필요가 있다.

참고문헌

강윤식(2022.7.9). [피플] 팀스노우볼 윤윤현 대표, '이스포츠에 선한 영향력 끼치고 싶다'. ≪데일리이스포츠≫, https://v.daum.net/v/VEXPduYx2U

김영은(2024.2). AI 파동, '그때는 맞고, 지금은 틀리다?' 직업의 판을 흔들다. ≪한경BUSINESS≫, 1474.

남윤성 · 윤아름(2021). 『이스포츠 직업 설명서』. 틈새책방.

이민화(2016.6). 인공지능과 일자리의 미래. ≪국제노동브리프≫, 2016년 6월호, 11-24쪽.

정찬욱(2024.1.5). ETRI, 이스포츠 승률 예측 서비스 플랫폼 개발… '정확도 87%'. ≪연합뉴스≫, https://www.yna.co.kr/view/AKR20240105089400063

후슬랭(2024). 인공지능이 직업에 미치는 영향: 생성형 인공지능과 디자이너 직무 변화에 관한 연구. 서울과학기술대학교.

05
AI의 이스포츠 활용

AI는 이스포츠의 여러 분야에서 활용될 가능성이 크다. 그러나 AI 도입이 실제로 이스포츠에 미치는 영향에 관한 연구는 아직 부족한 상황이다. 고등학생과 대학생을 대상으로 AI의 이스포츠 활용에 대한 인식을 조사해, AI가 이스포츠에서 어떤 가능성과 도전 과제를 갖고 있는지 알아봤다.

AI와 아이돌?

이스포츠에서의 AI 활용에 관한 인식

우리는 지금 AI가 다양한 산업의 혁신을 이끄는 흥미로운 시대에 살고 있다. 의료, 금융, 제조업을 비롯한 여러 분야에서 AI 기술이 적극적으로 도입되고 있다. 그뿐만 아니라 교육 현장에서도 AI의 도입이 가속화되고 있으며, 이는 학습 환경에 큰 변화를 불러오고 있다. 2023년 성균관대학교에서 생성형 AI를 활용하는 학습 경험에 대한 설문 조사를 실시한 결과, 전체 응답자 415명 중 98%에 달하는 405명의 학생이 활용한 경험이 있다고 답했다(이상은 외, 2023). AI는 이런 학습 과정뿐 아니라 일상적인 영역의 확장, 창작의 도구로서 큰 역할을 수행하고 있다.

이 같은 현상은 이스포츠에서도 예외는 아니다. 경기 분석, 코칭과 훈련, 심판 판정, 전략 설계, 관람 환경 등 이스포츠의 전반적인 영역에서 AI의 활용이 활발하게 논의되고 있으며, 이에 관한 관심도 높아지고 있다. 미래의 이스포츠 산업을 이끌어 갈 고등학생과 대학생은 AI와 이스포츠의 결합을 어떻게 바라보고 있을까? 이를 알아보기 위해 '이스포츠에의 AI 활용에 대한 고등학생과 대학생의 인식 조사'를 진행하고, 그 가능성을 탐색해 봤다. 총 90명의 응답자가 답변했으며 주요 설문 내용은

AI에 대한 개념 이해도, AI의 이스포츠 발전 기여 가능성, 다양한 이스포츠 분야에서의 AI 역할 확대 가능성과 그에 대한 긍정적 또는 부정적 인식에 관한 질문이다. 나이와 성별 외에도 이스포츠 플레이 시간, 시청 시간, AI 활용 빈도도 함께 조사해 상관관계를 분석했다.

많은 응답자가 AI가 이스포츠의 성장과 발전에 중요한 역할을 할 것이라 기대하고 있으며, 특히 게임 밸런스 조정, 심판 역할, 실시간 데이터 분석과 같은 분야에서 AI의 기여를 긍정적으로 평가했다. AI를 자주 활용하는 그룹에서는 AI에 대한 이해도가 높고, 활용 가능성에 대한 기대감도 컸다. 반면, 일부 응답자들은 AI의 도입이 선수의 창의성을 감소시킬 수 있으며, AI 기술을 활용할 수 있는 팀과 그렇지 않은 팀 간의 격차를 심화시킬 가능성이 있다고 우려하기도 했다.

이처럼 AI는 이스포츠를 진화시키는 동시에 새로운 논쟁을 불러일으키는 요소가 되고 있다. AI는 과연 공정성을 보장하는 도구가 될 것인가, 아니면 새로운 불균형을 초래하는 변수로 작용할 것인가? AI가 인간의 능력을 보완하는 조력자가 될 것인가, 아니면 인간을 대체하는 존재가 될 것인가?

연령대별 인식 차이

'이스포츠에의 AI 활용에 대한 고등학생과 대학생의 인식 조사'의 설문 응답자는 만 16세부터 25세까지 분포하고 있었다. 본 조사는 10점 척도를 기반으로 설계되었으며, 고등학생 16명과 대학생 74명이 참여했다. 연령대를 고등학생 대학생으로 구분해 각 문항에 대한 평점을 분석한 결과, 두 집단 사이에서 몇 가지 뚜렷한 차이가 나타났다.

먼저 AI가 이스포츠 성장과 발전에 기여할 것인가에 대한 문항에서 대학생들의 평균 점수가 고등학생보다 2.37점 더 높게 나타났다. 이는 대학생들이 AI 기술이 이스포츠의 발전에 긍정적인 영향을 미칠 것이라는 기대감을 더 크게 가지고 있음을 시사한다.

세부적으로 AI가 이스포츠에 어떤 역할을 할 수 있을지에 대한 대부분의 문항에서도 대학생들의 기대감이 크게 나타났다. 게임 내 밸런스를 조정해 공정성을 높일 가능성이 있는가에 관한 질문에서도 대학생이 고등학생보다 2.12점 더 높게 응답했으며, AI가 더 정확하고 공정한 판정을 내리는 심판의 역할을 수행할 수 있다고 생각하느냐는 질문에서도 대학생의 응답이 고등학생보다 1.82점 더 높았다. 이는 대학생들이 AI의 객관성과 정확성을 더욱 신뢰하는 경향이 높다는 것을 보여준다.

AI 기술은 긍정적인 기대뿐 아니라 의존으로 인한 부정적인 영향과 AI 접근성에 따른 격차의 가능성에 대한 우려도 존재한다. 조사 결과, 이런 우려 사항들에 대해 고등학생들이 AI의 부정적인 영향에 대해 대학생보다 더 강한 우려를 보이고 있었다. AI의 지나친 의존으로 인해 선수들이 창의적인 플레이를 개발하는 능력이 감소할 것으로 생각하느냐는 질문에는 고등학생들이 대학생보다 평균적으로 1.56점 더 높게 대답했고, AI 기술을 도입할 수 있는 팀과 그렇지 않은 팀 간의 격차가 심화할 것으로 생각하느냐는 질문에도 마찬가지로 고등학생이 1.78점 더 높게 나타났다. 또한 AI로 인해 특정 직업이 대체되어 나타날 수 있는 일자리 감소에 대한 우려 역시 고등학생들의 우려가 1.76점 더 높게 나타났다. 이러한 연령별 인식의 차이는 AI 기술에 대한 경험과 접근성의 차이에서 기인할 가능성이 있는 것으로 유추해 볼 수 있지만, 이에 대해서는 심화된 조사나 연구를 통해 더 알아볼 필요가 있다.

이스포츠 참여 정도에 따른 인식 차이

AI 기술의 이스포츠 도입에 대한 인식은 개인의 AI 활용

경험과 이스포츠 경험 수준에 따라 달라질 수 있다. '이스포츠에서의 AI 활용에 대한 고등학생과 대학생의 인식 조사'에서는 AI를 얼마나 자주 활용하는지, 최근 일주일 동안 이스포츠를 몇 시간 플레이했는지, 그리고 최근 일주일 동안 이스포츠 콘텐츠를 몇 시간 시청했는지를 기준으로 참여 정도에 따른 인식 차이의 상관관계를 분석해보았다.

분석 결과 AI를 자주 활용할수록 AI의 역할에 대한 기대감이 높은 경향을 보였다. AI 활용 빈도가 높은 응답자들은 AI의 실시간 데이터 분석 기능이 경기 운영에 긍정적인 영향을 미칠 것이라는 인식을 갖고 있었으며, AI가 이스포츠의 성장에 기여할 것이라는 기대감, AI가 심판 역할을 수행할 수 있을 것이라는 기대감이 높았다. 여기서 흥미로운 점은, 활용 빈도가 높을수록 AI가 일자리를 대체할 가능성에 대한 우려도 컸다는 점인데, 이는 AI의 생산성과 효율성을 인정하는 동시에 AI가 사람의 역할을 대체할 가능성도 현실로 다가오고 있는 것으로 인식함을 보여준다. 긍정적 기능에 대한 인식과 동시에 잠재적으로 그를 위협 요소로 고려하고 있는 경향을 보이는 것이다.

한편, 이스포츠를 많이 플레이하는 것과 AI 인식 간의 연관성은 크지 않은 것으로 나타났다. 한 주간 플레이 시간과 AI 관련 인식 간의 상관관계 패턴에서 유의미한 결과가 나오지 않았다. 하지만 이스포츠 콘텐츠를 많이 시청하는 집단에서는 AI의 역할에 대한 기대감이 높아지는 경향을 확인할 수 있었다. 한 주간 이스포츠 시청 시간이 많은 응답자일수록 AI가 심판의 공정한 역할을 수행할 가능성이 높고, 이스포츠 성장에 기여할 것으로 예측하며, 데이터 분석 기능이 경기 운영에 유용할 것이라는 인식을 강하게 보여줬다. 또한 이런 긍정적인 인식이 강함과 동시에 인간의 창의성 감소나 AI의 접근성으로 인한 팀 간 격차 심화에 대한 우려와 같은 부정적인 영향에 대한 우려도 상대적으로 낮게 나타났다.

이러한 결과는 AI가 이스포츠에서 차지하는 역할에 대한 인식이 AI 기술을 직접 접하고 활용하는 경험이나, AI가 적용된 사례를 접하는 빈도와 밀접하게 연관되어 있음을 시사한다. 이스포츠는 여전히 성장하고 있는 산업이며, AI는 그 발전 속도를 더욱 올릴 가능성이 크다. 우리는 이 변화를 어떻게 받아들이고, 어떤 방향으로 나아가야 할지 깊은 고민을 시작해야 할 시점이다.

참고문헌

이상은 외(2023). 보고 듣는 챗GPT PLUS 등 생성형 AI 활용 학습 경험(CTL Teaching Tips #30). 성균관대학교 교육개발센터, https://ctl.skku.edu/ctl/teaching.do?mode=view&articleNo=45022&article.offset=10&articleLimit=10#/list

06
윤리적 문제

AI 심판 시스템은 이스포츠의 공정성과 일관성을 높일 수 있지만, 알고리즘의 편향성과 불투명한 의사 결정이 문제로 지적된다. AI 기반 훈련 도구와 자동화 시스템은 경기력 향상과 함께 기술 격차 심화와 데이터 프라이버시 침해 등 윤리 문제를 초래할 수 있다. 이를 해결하기 위해 AI의 공정성과 투명성을 보장하는 규제와 윤리적 가이드라인 마련이 필수적이다. AI 기술이 이스포츠 산업의 발전을 촉진하는 동시에 선수들의 권리를 보호할 수 있도록 균형 있는 접근이 요구된다.

AI와 야구?

AI 판정의 공정성 문제: 이스포츠 심판, 신뢰할 수 있는가?

이스포츠 분야의 AI심판 시스템 도입은 공정성과 정확성을 향상시킬 수 있다는 측면이 있지만, 동시에 여러 윤리적 문제들과 해결 과제가 있다.

AI 심판 시스템은 실시간 데이터 분석을 통해 일관된 판정을 내릴 수 있다. 이는 인간 심판의 주관성과 편견을 줄이고 경기의 공정성을 높일 수 있다. 예를 들어, NBA에서는 AI 기반 모션 캡처 기술을 사용해 선수들의 3점 슛 거리를 실시간으로 계산하고 있다(Ben Dowsett, 2024). 그러나 AI 시스템의 판단 과정이 불투명할 수 있다는 우려도 제기된다. 따라서 투명성 확보를 위해 AI의 의사 결정 과정을 명확히 설명할 수 있어야 한다.

알고리즘의 편향을 지속적으로 모니터링하고 수정하는 프로세스가 필요하다. 공정성을 측정할 수 있는 메트릭스를 개발하고 적용하는 것도 중요한 과제이다. 테니스에서 사용되는 Hawk-Eye 시스템의 경우, 초당 340프레임의 카메라로 공을 추적해 1mm 이내의 정확도를 제공한다고 알려져 있다(Chase Martin, 2024).

AI 시스템은 학습 데이터에 내재된 편향을 그대로 반영할 수 있다. 특정 플레이 스타일에 유리한 판정을 내리거나 스타 선수들에게 관대한 판정을 할 수 있다. 이는 경기 결과에 직접적인 영향을 미치며 공정한 경쟁을 저해할 수 있다. 실제로 AI 심판 도입 후 테니스 심판들의 실수율이 8% 감소했지만, 일부 상황에서는 오히려 실수가 증가하는 현상이 관찰되었다(Esther Shein, 2024).

이러한 문제를 해결하기 위해 다양성이 확보된 데이터로 AI를 학습시키고 알고리즘의 편향을 지속적으로 모니터링하고 수정해야 한다. AI 시스템의 판정 결과를 정기적으로 검토하고 평가하는 과정이 필요하다.

완전한 AI 심판 시스템보다는 인간 심판과 AI의 협력 모델이 더 현실적인 대안으로 제시된다. AI는 객관적인 판정을 담당하고, 인간 심판은 주관적 판단이 필요한 영역을 맡는 방식이다. 이러한 하이브리드 시스템은 AI의 정확성과 인간의 경험을 결합해 더 나은 판정을 내릴 수 있다. 예를 들어, 축구에서는 AI가 오프사이드와 볼 트래킹을 담당하고, 인간 심판이 파울이나 페널티와 같은 주관적인 판단을 내리는 방식이 제안되고 있다(Sumeyye Eryilmaz, 2025).

그러나 AI와 인간 심판 간의 역할 분담과 최종 결정권에 대한 명확한 기준이 필요하다. 이스포츠에서는 AI 심판이 실시간으로 규칙 위반을 감지하고, 패턴 인식을 통해 부정행위를 적발하는 등의 역할을 수행할 수 있다.

AI 심판 시스템은 이스포츠의 공정성과 정확성을 높일 수 있는 잠재력을 가지고 있다. 그러나 알고리즘의 편향, 투명성 부족, 데이터 프라이버시 등의 문제를 해결해야 한다. AI와 인간 심판의 적절한 역할 분담을 통해 기술의 장점을 최대화하면서도 스포츠의 본질을 해치지 않는 균형점을 찾는 것이 중요하다.

앞으로 AI 심판 시스템의 발전과 함께 이에 대한 규제와 윤리 가이드라인 마련, 그리고 선수와 팬들의 수용 인식 제고가 함께 이루어져야 한다. 이를 통해 AI 기술이 이스포츠의 공정성과 신뢰성을 높이는 데 기여할 수 있을 것이다.

AI 자동화와 선수의 권리: 인간 플레이어는 보호받고 있는가?

AI 봇은 선수들의 훈련 상대로 활용된다. 이는 선수들이 실제 경기 전 기술을 연마할 기회를 제공한다. 그러나 AI 봇의 사용은 공정한 경쟁 환경 조성에 대한 우려를 야기한다. AI 봇과 자동화 프로그램의 도입으로 이스포츠 생태계가 변화하고 있다(Omnic Data, 2023).

예를 들면 AI 기반 코칭 도구는 선수들의 게임플레이

를 분석하고 개인화된 피드백을 제공한다. 이는 선수들의 기술 향상에 도움을 준다. 그러나 AI 훈련 도구의 과도한 사용은 선수들 간의 기술 격차를 확대시킬 수 있다(Ivan Šimić, 2023). AI 훈련 도구 사용에 대한 윤리적 가이드라인 수립이 필요하다.

또한 이스포츠 선수들의 고용 상태와 노동권에 대한 논의가 진행 중이다. AI 기술의 도입으로 선수들의 노동 환경이 변화하고 있다(Restackio, 2025). 일부에서는 이스포츠 선수들을 게임 퍼블리셔의 직원으로 인정해야 한다고 주장한다. AI 도입과 선수들의 권리 보호 사이의 균형을 찾는 것이 중요하다.

AI 기술의 발전으로 이스포츠 산업이 빠르게 변화하고 있다. 이에 따라 선수들의 권리를 보호하기 위한 규제와 윤리 가이드라인 마련이 필요하다. 선수, 코치, 팬, 기술 전문가, 윤리학자 등 다양한 이해관계자들의 의견을 반영한 거버넌스 체계 구축이 요구된다(Kacper Rafalski, 2024).

AI 훈련 도구의 윤리적 문제 : 선수들은 자신의 데이터를 통제할 수 있는가?

AI 훈련 도구의 윤리적 문제는 첫째, AI 훈련 도구는 선수들의 개인정보와 게임플레이 데이터를 광범위하게 수집하고 분석한다. 이는 선수들의 프라이버시를 침해할 수 있는 위험이 있다. 둘째, AI 시스템은 학습 데이터에 내재된 편향을 반영할 수 있다. 이는 특정 플레이 스타일이나 선수 그룹에 유리하게 작용할 수 있어 공정성 문제를 야기한다. 셋째, AI 훈련 도구의 과도한 사용은 이를 활용할 수 있는 선수들과 그렇지 못한 선수들 사이의 기술 격차를 확대시킬 수 있다. 넷째, AI 시스템에 대한 과도한 의존은 코치와 선수들의 직관과 판단력을 약화시킬 수 있다. 다섯째, AI의 의사 결정 과정이 불투명할 경우, 선수들이 AI의 권고 사항을 이해하거나 신뢰하기 어려울 수 있다. 여섯째, 현재 AI 훈련 도구 사용에 대한 명확한 윤리적 기준과 규제가 부족한 실정이다. 이스포츠 종목과 대회에 맞는 규정과 윤리 가이드라인이 필요하다. 결국 이러한 문제들을 해결하기 위해서는 AI 시스템의 투명성 확보, 공정성 메트릭스 개발, 데이터 보호 강화, 그리고 AI 윤리에 대한 교육과 가이드라인 수립이 필요하다. 또한 선수, 코치, 개발자 등 다양한 이해관계자들의 의견을 반영한 거버넌스 체계 구축이 요구된다.

특히, 이스포츠 선수 개인의 프라이버시와 데이터 활용에 대한 법적, 윤리적 기준은 다음과 같은 방향에서 논의될 필요가 있다. 첫째, 명시적 동의 확보. 선수의 개인정보 수집 및 활용에 대해 명확하고 구체적인 동의를 얻어야 한다. 특히 건강 정보나 생체 데이터와 같은 민감한 정보에 대해서는 별도의 명시적 동의가 필요하다. 동의는 자발적이고 구체적이며 모호하지 않아야 한다. 둘째, 데이터 최소화 원칙 준수. 경기 운영이나 선수 관리에 꼭 필요한 최소한의 데이터만을 수집해야 한다. 불필요한 개인정보 수집은 지양해야 한다. 셋째, 데이터 보안 강화. 수집된 선수 데이터에 대해 암호화, 접근 제어 등 강력한 보안 조치를 적용해야 한다. 특히 건강 정보나 성과 데이터와 같은 민감 정보는 더욱 엄격하게 보호해야 한다. 넷째, 투명성 확보. 선수들에게 어떤 데이터가 수집되고, 어떻게 활용되며, 누구와 공유되는지 명확히 고지해야 한다. 데이터 처리 과정의 투명성을 높여야 한다. 다섯째, 데이터 접근 및 삭제권 보장. 선수들이 자신의 데이터에 접근하고, 필요시 삭제를 요청할 수 있는 권리를 보장해야 한다. 이는 GDPR 등 개인정보보호법의 핵심 요구 사항이다. 여섯째, 데이터 활용의 공정성. 선수 데이터를 활용한 의사 결정 과정에서 편향이나 차별이 발생하지 않도록 해야 한다. AI 알고리즘 사용시 공정성을 보장해야 한다. 마지막으로, 국제 표준 준수. 유럽연합(EU)과 유럽경제지역(EEA)의 개인정보 보호를 위해서 2018년에 제정된 GDPR(General Data Protection Regulation)과, 캘리포니아 주민의 개인정보 보호 권리를 강화하고 소비자 보호를 위해 2020년 제정된 CCPA(California Consumer Privacy Act) 등 국제적인 개인정보 보호 법규를 준수해야 한다. 특히 국경을 넘나드는 데이터 이전에 주의해야 한다. 또한 데이터 활용에 관한 윤리적 판단을 위해 독립적인 윤리위원회를 구성하고 운영해야 한다. 이를 통해 선수 권리 보호와 산업 발전의 균형을 모색할 수 있다. 이러한 기준들을 통해 이스포츠 선수들의 프라이버시를 보호하면서도 데이터의 혁신적 활용을 통한 산업 발전을 도모할 수 있을 것이다. 선수, 팀, 리그 운영자, 개발사 등 모든 이해관계자들의 협력이 중요하다(Elise Jolicoeur-Rouleau & Alexandre McGraw, 2025).

참고문헌

Barozai, Dawood Khan. How Is AI impacting Sports: Redefining Fair Play and Beyond. Folio3.ai, https://www.folio3.ai/blog/impact-of-ai-and-ethical-considerations-in-sports/

Bayliss, Hunter Amadeus(2016.6). Not Just a Game: the

Employment Status and Collective Bargaining Rights of Professional ESports Players, *Washington and Lee Journal of Civil Rights and Social Justice*, 22(2), p.359.

Carrio, Alberto(2021). The case of AI in sport: Some ethical concerns at play. Diagoras: International Academic Journal on Olympic Studies, 5, pp.18-29.

Chaithanya(2023.12.31). AI Referees: The Future of Fair Play in Sports. IndustryWired, https://industrywired.com/ai-referees-the-future-of-fair-play-in-sports/

Dowsett, Ben(2024.5.2). AI Is Helping Referee Games in Major Sports Leagues, but Limitations Remain. https://www.scientificamerican.com/article/ai-is-helping-referee-games-in-major-sports-leagues-but-limitations-remain/

Eryilmaz, Sumeyye(2025.2.26). Future of sports officiating: Will AI replace human referees?. AA, https://www.aa.com.tr/en/artificial-intelligence/future-of-sports-officiating-will-ai-replace-human-referees/3494307

Essien, Emmanuel(2024.1.17). Exploring Ethical Dilemmas in the Era of AI-Powered Gaming. The Inclusive AI, https://theinclusiveai.com/exploring-ethical-dilemmas-in-ai-powered-gaming/

Friehs, Maximilian A., et al.(2024.3.12). Fighting fair: community perspectives on the fairness of performance enhancers in esports. University of Twente, https://www.frontiersin.org/journals/sports-and-active-living/articles/10.3389/fspor.2024.1330755/full

Harper, Gillian(2025.2.7). AI in Sports: A Complete Guide. https://www.topdevelopers.co/blog/ai-in-sports/

Jolicoeur-Rouleau, Elise & McGraw, Alexandre(2025.2.20). Privacy in sports: Stay ahead of the game. *Sports Business Journal.*

Kostic, M.(2021). The Impact of AI on Esports. SwissCognitive, https://swisscognitive.ch/2021/01/19/the-impact-of-ai-on-esport/

Martin, Chase(2024.6.5). AI is changing the way we referee sports. Deseret News, https://www.deseret.com/sports/2024/06/05/ai-referee-in-sports/

Mendhe, Sushant(2024). The Role of Artificial Intelligence in Enhancing Sports Officiating. *IJARIIE,* 10(3)

Ngobi, Muhammad(2024). Exploring the ethical concerns in AI-enhanced sports officiating. https://www.ugbulletin.co.ug/exploring-the-ethical-concerns-in-ai-enhanced-sports-officiating/

Omnic Data(2023.3.31). Powering Up Esports - Exploring the Impact of AI on Competitive Gaming. https://blog.omnic.ai/posts/Powering-Up-Esports-Exploring-the-Impact-of-AI-on-Competitive-Gaming/

PhotosBulk. AI Referees in Esports: Ending Human Bias?. https://photosbulk.com/ai-referees-in-esports-ending-human-bias/

PR Newswire(2024.9.11). CSA Partners with DigiMithril to implement IntelliReferee, an AI-based referee system. https://www.prnewswire.com/news-releases/csa-partners-with-digimithril-to-implement-intellireferee-an-ai-base

d-referee-system-and-transform-college-squash-officiating-302245150.html
Qiyu Pu(2021). The Effects of Artificial Intelligence on Competitive Sports. Clark University.
Rafalski, Kacper(2024.11.22). AI in Sports: Transforming the Game for Players and Fans. Netguru, https://www.netguru.com/blog/ai-in-sports
Refr Sports(2024.12.15). The Evolution of Referee Technology: From Stopwatches to AI. https://www.refrsports.com/blog/the-evolution-of-referee-technology-from-stopwatches-to-ai
Restackio(2025.4.11). AI Ethics in Esports. https://www.restack.io/p/ai-ethics-answer-esports-cat-ai
Restackio(2025.4.13). Ethical AI in Esports, https://www.restack.io/p/ai-in-sports-analytics-answer-ethical-ai-esports-cat-ai
Restackio(2025.4.16). AI Ethics And Fairness In Esports. https://www.restack.io/p/ai-ethics-and-fairness-answer-esports-impact-cat-ai
Shein, Esther(2024.11.8). AI Judging in Sports. Communications of the ACM. https://cacm.acm.org/news/ai-judging-in-sports/
Šimić, Ivan(2023.11.22). How can AI improve esports inside and outside the game?. Esports Insider, https://esportsinsider.com/2023/11/ai-esports
Telecoming(2024.1.22). AI and gaming: a winning combination for eSports. https://www.telecoming.com/blog/ai-and-gaming-a-winning-combination-for-esports/

07
규제와 편향

AI 심판 시스템은 이스포츠 경기의 공정성을 높일 수 있지만, 알고리즘의 편향성과 투명성 부족이 문제로 지적된다. 이러한 편향성을 해결하기 위해서는 AI 학습 데이터의 다양성을 확보하고 지속적인 모니터링과 수정이 필요하다. 또한, AI 규제에 대한 국제적인 논의가 활발히 진행되고 있지만 국가별 법과 제도의 차이로 인해 공통된 규범 마련에 어려움이 있다. 이스포츠에서 AI 활용이 확대됨에 따라 윤리적 · 법적 문제를 해결하기 위한 글로벌 규제 프레임워크 구축이 필수적이다.

AI와 윤동주?

AI 알고리즘의 편향성: 공정한 경기 운영은 가능한가?

AI 알고리즘의 편향성(bias)은 머신 러닝 알고리즘의 체계적인 오류로 인해 불공정하거나 차별적인 결과가 나올 때 발생한다. 이는 종종 기존의 사회 경제적, 인종 및 성별 편견을 반영하거나 강화한다. 편향된 알고리즘은 해로운 결정이나 행동으로 이어지고, 차별과 불평등을 조장하거나 영속화하며, AI와 AI를 사용하는 기관에 대한 신뢰를 약화시킬 수 있다.

AI 알고리즘의 편향성이 문제가 되는 이유는 첫째, 편향된 AI 결정은 소외된 집단이 직면한 기존의 사회적 격차를 강화할 수 있기 때문에 차별과 불평등을 강화할 수 있기 때문이다. 다음으로, 편향된 AI 사용은 기업에 법적 및 재정적 위험을 초래할 수 있어, 법적 및 재정적 위험이 따른다. 마지막 AI와 AI를 사용하는 기관에 대한 신뢰가 약화될 수 있다.

따라서 AI를 사용하는 모든 이들에게 AI 리터러시(literacy)가 필요한 이유는 AI 시스템의 한계와 잠재적 편향성을 이해하고, 이를 적절히 해석하고 활용할 수 있는 능력이 중요해지고 있기 때문이다. AI 리터러시는 AI 시스템의 결과를 비판적으로 평가하고, 잠재적인 편향이나 오류를 식별할 수 있게 해준다.

AI 심판 시스템의 경우, 실시간 데이터 분석을 통해 일관된 판정을 내릴 수 있다. 그러나 AI 시스템의 판단 과정이 불투명할 수 있다는 우려도 제기된다. AI 시스템은 학습 데이터에 내재된 편향을 그대로 반영할 수 있다. 이는 경기 결과에 직접적인 영향을 미치며, 공정한 경쟁을 저해할 수 있다. 즉 NBA의 AI 기반 3점 슛 거리 실시간 계산이나 테니스의 Hawk-Eye 시스템은 심판의 정확도를 높여 주어, 실수를 줄이는데 도움이 됐으나 예상하지 못한 실수가 발생하기도 했다.

편향 문제를 해결하기 위해 다양성이 확보된 데이터로 AI를 학습시키고, 알고리즘의 편향을 지속적으로 모니터링하고 수정해야 한다. AI 시스템의 판정 결과를 정기적으로 검토하고 평가하는 과정이 필요하다. 투명성 확보를 위해 AI의 의사 결정 과정을 명확히 설명할 수 있어야 한다.

이스포츠 AI규제의 현주소 : 법과 제도의 공백을 메울 수 있을까?

EU의 AI Act는 AI 시스템을 위험 수준에 따라 분류하고 규제한다. 게임 개발자들은 AI 시스템의 "배포자"로 분류되어 투명성 조치와 책임 프로토콜을 준수해야 한다. 사용자에게 AI 주도 콘텐츠와 상호 작용할 때 이를 알리고 AI 시스템의 작동 방식을 공개해야 한다.

미국은 포괄적인 연방 AI 법이 없는 대신 기존 법률과 가이드라인을 통해 AI를 규제한다. 연방거래위원회법(FTC Act, Federal Trade Commission Act), 의료보험의 양도 및 책임에 관한 법률(HIPAA, Health Insurance Portability and Accountability Act) 등이 AI 시스템에 적용된다. 알고리즘 책임법과 AI 권리장전 등의 법안이 제안되어 있다.

중국은 중앙집권적 거버넌스 모델을 통해 AI를 규제한다. 데이터보안법, 개인정보보호법 등이 AI 애플리케이션의 데이터 처리 기준을 설정한다. 2023년에는 생성형 AI 서비스 관리 규정을 도입해 엄격한 보안 검사와 콘텐츠 모니터링을 요구한다.

글로벌 AI 규제 프레임워크 구축에는 국가 간 우선순위 차이, 지정학적 긴장, 윤리적 · 문화적 차이 등의 도전과제가 있다. UN의 AI for Good, Global Partnerships on AI(GPAI) 등의 국제 협력 노력이 진행 중이다. 2023년 11월 영국에서 개최된 AI 안전 정상회의는 AI의 안전하고 윤리적인 개발을 위한 프레임워크 구축의 중요성을 강조했다(Sajal Jaiswal, 2024).

특히 EU의 AI Act가 2025년 2월 2일부터 단계적으로 시행된다. 이 법은 AI 시스템을 위험 수준에 따라 분류하고 규제한다(CCN, 2025). 주요 내용은 다음과 같다:

(1) 금지된 AI 관행: 사용자 조작, 취약 계층 착취, 프라이버시 침해 등을 금지한다.

(2) 고위험 AI 시스템: 엄격한 의무 사항을 부과한다. 예를 들어 감정 인식 AI는 고위험으로 분류된다.

(3) 투명성 의무: 사용자에게 AI와 상호작용 중임을 알려야 한다.

처벌: 위반 시 최대 3500만 유로 또는 전 세계 매출의 7% 중 더 큰 금액의 벌금을 부과할 수 있다.

Deloitte의 보고서에 따르면, EU AI Act에서 정의하는 'unacceptable AI practices'(수용 불가능한 AI 관행)는 다음과 같은 구체적인 사례를 포함한다.

(1) 잠재의식 조작: 개인의 자율성을 침해하거나 해를 끼칠 수 있는 잠재의식적 기술을 사용하는 AI 시스템. 예를 들어, 사용자가 인식하지 못하는 사이에 특정 행동을 유도하는 AI 기반 광고 기술이 이에 해당한다.

(2) 취약 계층 착취: 나이, 신체적 또는 정신적 장애로 인해 취약한 개인의 약점을 이용하는 AI 시스템. 예를 들

어, 노인을 대상으로 한 기만적인 AI 챗봇이 이에 해당할 수 있다.

(3) 사회적 점수 시스템: 개인의 사회적 행동이나 특성을 평가해 불이익을 주는 AI 시스템. 예를 들어, 개인의 온라인 활동을 기반으로 신용 점수를 매기는 시스템이 이에 해당할 수 있다.

(4) 실시간 원격 생체 인식: 공공장소에서 실시간으로 생체 인식 정보를 수집하고 사용하는 AI 시스템. 예외적으로 범죄 수사나 테러 방지 등 특정 목적으로만 제한적으로 허용된다.

(5) 감정 인식 시스템: 직장이나 교육 환경에서 개인의 감정 상태를 분석해 의사 결정에 사용하는 AI 시스템. 예를 들어, 직원의 표정을 분석해 승진 여부를 결정하는 시스템이 이에 해당한다.

이러한 관행들은 개인의 기본권과 자유를 심각하게 침해할 수 있기 때문에 EU AI Act에서는 원칙적으로 금지하고 있다. 다만, 법 집행이나 국가 안보와 같은 특수한 상황에서는 제한적으로 허용될 수 있다.

이스포츠 분야에서 AI는 선수 훈련, 경기 분석, 부정행위 탐지 등에 활용되고 있다. 그러나 AI 사용에 따른 윤리적, 법적 문제도 제기된다. 예를 들어 AI 생성 콘텐츠의 소유권, 데이터 프라이버시, AI 의사 결정의 공정성 등이 쟁점이다. 따라서 글로벌 AI 규제 프레임워크 구축에는 국가 간 우선순위 차이, 지정학적 긴장 등의 도전 과제가 있다. 국제 협력 노력이 진행 중이지만, 아직 법과 제도의 공백이 존재한다. 이를 메우기 위해서는 다양한 이해관계자들의 의견을 반영한 균형 잡힌 접근이 필요하다.

참고문헌

Bernier, Chantal(2025.1.10). AI trends for 2025: AI regulation, governance and ethics. Dentons, https://www.dentons.com/en/insights/articles/2025/january/10/ai-trends-for-2025-ai-regulation-governance-and-ethics

Binns, Reuben(2018). Fairness in Machine Learning: Lessons from Political Philosophy. Proceedings of the AAAI/ACM Conference on AI, *Ethics, and Society*, pp.149-159.

Bird & Bird(2025.2, 11). Horizon Scan 2025: Key Trends in Games & Esports. https://www.twobirds.com/en/insights/2025/global/horizon-scan-2025-key-trends-in-games-and-esports

CCN(2025.1.1). Global AI Regulation in 2025: Proposed Laws and Frameworks. https://www.ccn.com/news/technology/global-ai-regulation-2025-new-laws/

European Commission(2025.2.18). AI Act | Shaping Europe's digital future.
https://digital-strategy.ec.europa.eu/en/policies/regulatory-framework-ai

Gaming Tech Law(2025.2.3). AI Act on Prohibited Practices Is Now in .Force – Are You Ready?.
https://www.gamingtechlaw.com/2025/02/ai-act-on-prohibited-practices-is-now-in-force-are-you-ready/

Jaiswal, Sajal(2024.10.3). AI Regulation: Understanding Global Policies and Their Impact on Business.
https://www.datacamp.com/blog/ai-regulation

Kennedys Law(2025.2.21). 2025: Global AI governance takes shape.
https://kennedyslaw.com/en/thought-leadership/article/2024/2025-global-ai-governance-takes-shape-what-to-expect-from-the-eu-and-us/

Lober, Andreas(2024.12.19). Regulation galore: Legal trends to watch in 2025. GamesIndustry.biz,
https://www.gamesindustry.biz/regulation-galore-legal-trends-to-watch-in-2025

Mittelstadt, B. D., et al.(2016). The Ethics of Algorithms: Mapping the Debate. *Big Data & Society*, 3(2), pp.1-21.

Mut, Simina, et al. Navigating the EU AI Act: Unacceptable AI Practices and Compliance Strategies. Deloitte,
https://www.deloitte.com/ce/en/services/legal/research/ce-navigating-eu-ai-act-unacceptable-ai-practices-compliance-strategies.html

Raj, Pankaj(2025.2.7). Global AI Regulation Shifts: South Korea Passes AI Act, Trump Rescinds Biden's AI Order.

AI-Regulation.com,
https://ai-regulation.com/global-ai-regulation-south-korea-ai-act-trump-eu-ai-act/

Restackio(2025.1.26). Esports Trends 2025 Open-Source AI.
https://www.restack.io/p/open-source-projects-esports-ai-answer-esports-trends-2025-cat-ai

Schaefer, P. & Garcia, D.(2021). Fair Play? Algorithmic Decision Making in Esports and Its Ethical Implications. *Journal of AI & Society*, 36(4), pp.579-596.

Software Improvement Group(2025.2.18). A comprehensive EU AI Act Summary.
https://www.softwareimprovementgroup.com/eu-ai-act-summary/

TechInformed(2025.1.17). AI Regulation in 2025: Scaling Responsible AI in a Regulated World.
https://techinformed.com/2025-informed-scaling-responsible-ai-in-a-regulated-world/

08
AI와 이스포츠 비즈니스

AI는 이스포츠 산업의 모든 영역을 변화시키며 새로운 비즈니스 모델을 창출하고 있다. AI 기반 코칭, 경기 분석, 스트리밍 콘텐츠 자동화, 맞춤형 광고 및 스폰서십 전략이 도입되면서 수익 구조가 더욱 정교화되고 있다. 또한, AI 챔피언십과 가상 선수의 등장은 이스포츠의 엔터테인먼트 요소를 확장하며 팬덤 비즈니스의 새로운 기회를 제공하고 있다. AI 기술이 발전함에 따라 이스포츠 산업은 더욱 개인화되고 글로벌화되며, 데이터 중심의 혁신적 생태계를 구축해 나가고 있다.

AI와 한의학?

AI가 바꾸는 이스포츠 산업: 새로운 비즈니스 모델의 탄생

AI는 이스포츠 산업의 모든 측면을 변화시키고 있다. 팀 전략과 훈련에서부터 베팅 예측과 팬 참여에 이르기까지 AI의 영향력이 확대되고 있다.

우선 AI 기반 코칭 플랫폼은 선수들의 게임플레이를 분석하고 개인화된 피드백을 제공한다. 이는 프로 선수뿐만 아니라 아마추어 게이머들에게도 확대되어 새로운 시장을 창출한다. AI 훈련 도구는 선수들의 실수를 감지하고 개선점을 제시해 빠른 학습을 돕는다. 예를 들어, Razer의 Project AVA는 "궁극의 AI 게임 코파일럿"으로 소개되었다. 이 시스템은 실시간으로 스크린샷을 분석해 전략적 조언을 제공하고, 상대방의 다음 움직임을 예측하는 등 즉각적인 피드백을 제공한다(Tom Daniels, 2025).

또한 AI 알고리즘은 시청자 데이터를 분석해 타깃 광고를 제공하고, 스폰서와 팬 간의 상호작용을 최적화한다. 이는 광고 효과를 높이고 스폰서의 투자 가치를 증대시킨다. AI는 관객 세분화와 예측 분석을 통해 맞춤형 스폰서십 패키지를 만들고 실시간 성과 추적을 가능하게 한다. Shikenso Analytics와 같은 회사는 AI를 사용해 스트림에서 브랜드 로고의 노출 시간을 측정하고, 클릭, 언급, 공유 등의 상호작용을 실시간으로 계산한다(Ivan Šimić, 2023).

이스포츠 기업들이 AI를 활용해 수익을 극대화하는 방법으로 AI 기반 예측 모델이 있다. 이것은 경기 결과와 선수 성과를 분석해 베팅 및 판타지 리그 시장을 확대한다. 예를 들어, Esports Technologies는 AI 기반의 "실시간 오즈 모델링 및 시뮬레이션 시스템"을 개발해 팀 순위, 선수 순위, 토너먼트 통계 등 방대한 데이터셋을 분석해 정확한 베팅 오즈를 제공한다(Softude, 2023).

동적 가격 책정 모델을 통해 수요와 선수 인기도에 따라 티켓 가격을 조정해 수익을 최대화한다. 메이저 리그 베이스볼의 세인트루이스 카디널스는 동적 티켓 가격 책정을 사용해 팬들과의 관계를 강화하고 있다. 이 시스템은 팀 성과, 투수 매치업, 날씨, 티켓 수요 등의 요인에 따라 티켓 가격을 일일 단위로 조정한다(ATPI, 2025).

AI는 또한 선수 영입과 팀 구성에도 활용되어 경기력 향상과 팬 관심도 증대에 기여한다. AWS와 Riot Games는 VALORANT Champions Tour(VCT) Hackathon: Esports Manager Challenge를 통해 팬들이 AI를 활용해 최강의 이스포츠 팀을 구성하는 기회를 제공하고 있다

(Ashwin Raghuraman, 2024).

이러한 AI 기술의 도입으로 이스포츠 산업은 더욱 데이터 중심적이고 개인화된 비즈니스 모델로 진화하고 있다. 그러나 AI의 활용이 확대됨에 따라 공정성과 윤리적 문제에 대한 고려도 필요할 것이다. 예를 들어, Esports Technologies는 Esports Integrity Commission (ESIC)에 가입해 AI 기술을 활용해 이스포츠에서의 승부조작과 부정 베팅 패턴을 찾아내고 근절하는 데 기여하고 있다(iGB, 2021).

AI와 이스포츠 스트리밍: 개인화된 콘텐츠 시대

AI가 주도하는 하이라이트 자동 생성 및 편집 기술은 이스포츠 경기의 하이라이트 영상을 자동으로 생성하고 편집한다. 한국전자통신연구원이 개발한 AI 기반 이스포츠 분석 플랫폼은 게임 영상에서 추출한 플레이 요소를 분석해 실시간으로 게임 상황을 인식하고 주요 플레이 이벤트를 포착해 하이라이트를 자동 생성한다.

네이버 스포츠는 AI 기술을 활용해 프로야구 경기의 득점 장면을 자동으로 편집한 'AI 득점 하이라이트' 동영상 클립을 제공한다. 이 서비스는 경기 종료 후 5분 내에

하이라이트 영상을 생성할 수 있다.

픽셀롯은 AI와 자동화 시스템을 사용해 축구, 농구 등 다양한 스포츠 경기를 자동으로 촬영하고 실시간 및 맞춤형 하이라이트를 제공한다.

이와 유사하게, IBM의 AI 하이라이트 시스템은 윔블던 테니스 대회에서 활용되어 경기 중 주요 순간을 자동으로 포착하고 하이라이트를 생성한다. 이 시스템은 선수들의 표정, 관중의 반응, 경기 데이터 등을 분석해 가장 흥미로운 순간을 선별한다.

AI 기술은 또한 실시간 번역과 AI 캐스터를 통해 이스포츠의 글로벌 시장 확대에 기여한다. AI 기반 실시간 번역 기술은 언어 장벽을 허물어 전 세계 팬들의 참여를 촉진한다. 유럽방송연맹 사업부인 유로비전 스포츠는 AI 보이스를 이용해 다국어 경기 해설 서비스를 제공했다. 실제 선수의 음성을 학습한 AI 보이스는 자연스러운 해설을 제공하며, 다양한 언어로 실시간 번역이 가능하다.

All-in Global은 AI 기반 번역 서비스를 게임 산업에 특화해 제공하고 있다. 이 서비스는 최신 신경망 기계 번역 기술을 활용해 게임 콘텐츠를 빠르고 정확하게 다국어로 번역한다(Sarah Blackburn, 2021).

AI 기반 시청자 분석을 통한 새로운 수익 창출 방식은

AI 알고리즘이 시청자의 선호도와 행동 패턴을 분석해 개인화된 콘텐츠와 광고를 제공한다. 이는 시청자 경험을 향상시키고 광고 효율성을 높여 수익 증대로 이어진다.

실제 NC소프트의 AI 야구 콘텐츠 앱 '페이지(PAIGE 2.0)'는 개별 사용자의 선호도를 분석해 선별적으로 콘텐츠를 제공한다. 실시간으로 야구 뉴스를 요약하고, 경기 프리뷰와 관전 포인트를 제공하며, AI 챗봇 서비스를 통해 사용자와 상호작용한다.

Twitch의 AI 기반 추천 시스템은 시청자의 과거 시청 기록을 분석해 개인화된 스트림 추천을 제공한다. 이를 통해 시청자들은 자신의 관심사에 맞는 콘텐츠를 쉽게 발견할 수 있다(Omnic Data, 2023).

Deloitte의 보고서에 따르면, AI는 소비자 맞춤형 가격 책정, AI 기반의 대화형 로열티 프로그램, 예측 가능한 판매 예측, 데이터 수익화 등의 새로운 수익원을 창출할 수 있다. 이러한 AI 기술의 발전으로 이스포츠 스트리밍은 더욱 개인화되고 글로벌화되며, 새로운 비즈니스 모델을 창출하고 있다.

AI와 가상 선수: 디지털 휴먼과의 경쟁과 협력

AI 플레이어와 인간 선수 간의 공존은 이미 현실화되고 있다. AI 봇은 선수들의 훈련 파트너로 활용되어 기량 향상에 기여하고 있다. 예를 들어 NVIDIA와 Krafton이 개발한 'PUBG Ally'는 기존의 AI 동료를 넘어 자연스럽게 의사소통하고, 전략적 조언을 제공하며, 전장 상황에 적응하는 능력을 갖추고 있다(USKR, 2025). 이러한 AI 시스템은 인간의 능력을 대체하기보다는 보완하는 역할을 한다. 의사의 진단을 돕거나 소프트웨어 개발에서 프로젝트 맥락을 이해하고 코딩 솔루션을 제안하는 것과 같이 게임에서도 AI는 인간 플레이어의 전략과 비전 내에서 협력하며 작동한다.

가상 캐릭터와 AI 챔피언십이 만드는 새로운 시장

AI 기술의 발전으로 가상 캐릭터와 AI 챔피언십이 새로운 시장을 창출하고 있다. 2024년 라스베가스에서 열린 최초의 창의적 AI 이스포츠 토너먼트는 16명의 참가자들이 AI 도구를 활용해 경쟁하는 새로운 형태의 엔터테인먼트를 선보였다(Falon Fatemi, 2024).

이러한 대회는 AI 프롬프트 작성 능력의 중요성을 부

각시키고, AI와 인간의 협력을 통한 창의성 발현 가능성을 보여준다. 가상 캐릭터와 AI가 주도하는 대회는 기존 이스포츠 시장을 확장하고, 새로운 형태의 경쟁과 엔터테인먼트를 제공할 것으로 예상된다.

AI 선수의 등장은 팬덤 비즈니스와 상품화 전략에 새로운 기회를 제공한다. AI 기술을 활용한 개인화된 팬 참여와 마케팅이 가능해지면서, 맞춤형 콘텐츠 추천과 타깃 마케팅 캠페인을 통해 더 넓은 관객층을 확보할 수 있게 되었다.

또한 AI는 자동화된 콘텐츠 생성과 향상을 통해 방송 및 스트리밍 경험을 개선하고, 다국어 중계와 데이터 기반 시각화를 자동화해 팬들의 참여를 높인다. 이러한 기술은 AI 선수를 중심으로 한 새로운 형태의 팬덤 비즈니스와 상품화 전략을 가능하게 할 것이다.

AI와 가상 선수의 등장은 이스포츠 산업에 혁명적인 변화를 가져오고 있다. 인간 선수와의 협력, 새로운 형태의 대회, 그리고 혁신적인 팬 참여 방식을 통해 이스포츠는 더욱 다양하고 흥미로운 엔터테인먼트 형태로 발전할 것으로 전망된다.

참고문헌

김상범 외(2024). 인공지능 기술을 적용한 스포츠 산업 관련 학술연구 동향 분석. DBpia.

김태완(2024). 스포츠 엔터테인먼트 산업에서 AI 기술의 혁신과 법적 과제. 한국콘텐츠학회논문지.

슈퍼브에이아이(2023.4.5). [스포츠] 스포츠 산업에서 AI는 어떻게 사용 될까? : 99% 정답 데이터셋, https://blog-ko.superb-ai.com/case-study-sports2i/

양준석(2024). [기획:디지털스포츠③] AI와 빅데이터의 흐름. ≪AI타임스≫.

장은지(2024.10.5). 세계 스포츠 AI 시장 39조 원까지 성장… '초개인화' 콘텐츠가 핵심. ≪동아일보≫.

ATPI(2025). Dynamic ticket pricing for professional sports clubs. https://www.atpi.com/dynamic-ticket-pricing-for-professional-sports-clubs/

Blackburn, Sarah(2021.5.25). All-in Global launches the first AI translation service dedicated to the gaming industry. Game on, https://www.gameon.im/2021/05/all-in-global-launches-the-first-ai-translation-service-dedicated-to-the-gaming-industry/

Capitol Technology University(2024). Video Game Technology, Artificial Intelligence, and the Esports Industry. https://www.captechu.edu/blog/video-game-technology-artificial-intelligence-and-esports-industry

Custom Market Insights(2024). Global AI In Sports Market Size, Trends, Share 2032. https://www.custommarketinsights.com/report/ai-in-spor

ts-market/

Daniels, Tom(2025.1.8.). Razer unveils AI esports coaching project at CES 2025. *Esports Insider*, https://esportsinsider.com/2025/01/razer-ai-esports-coaching-ces-ava

Deloitte(2025). 스포츠 산업에서의 생성형AI 미래 전망. https://www2.deloitte.com/kr/ko/pages/technology-media-and-telecommunications/articles/2025/ai-sports.html

Fatemi, Falon(2024.1.17). What We Can Learn From The First AI eSports Champion. *Forbes*, https://www.forbes.com/sites/falonfatemi/2024/07/17/what-we-can-learn-from-the-first-ai-esports-champion/

IBM(2019). Bringing AI and esports together with Watson on cloud. https://www.ibm.com/blog/ai-esports-watson-cloud/

iGB(2021.10.11). How artificial intelligence drives new experiences in esports betting. https://igamingbusiness.com/esports/esports-betting/how-artificial-intelligence-drives-new-experiences-in-esports-betting/

Jonquiere, E. J.(2020). Investigating the role of esport on the free to play business model. ISCTE-IUL, https://repositorio.iscte-iul.pt/bitstream/10071/20782/4/master_etienne_jean_jonquiere.pdf

Kostic, M.(2021). The Impact of AI on Esports. SwissCognitive, https://swisscognitive.ch/2021/01/19/the-impact-of-ai-on-esport/

Kugler, L.(2022). How AI is driving the esports boom. *Communications of the ACM*, 65(9), pp.13-15.

Omnic Data(2023.12.8). Enhancing Audience Engagement in Esports Through AI. https://blog.omnic.ai/posts/Enhancing-Audience-Engagement-in-Esports-Through-AI/

Piancharoenwong, Assanee & Sukcharoenpong, Sompon(2024). Exploring AI Applications in Esports Management: Opportunities for Thailand. *Journal of Management Science*, Nakhon Pathom Rajabhat University, 11(2), pp.55-65.

Raghuraman, Ashwin(2024.10.4.). Using generative AI to build the ultimate VALORANT esports team. aws, https://aws.amazon.com/ko/blogs/gametech/using-generative-ai-to-build-the-ultimate-valorant-esports-team/

Šimić, Ivan(2023.11.22.). How can AI improve esports inside and outside the game?. *Esports Insider*, https://esportsinsider.com/2023/11/ai-esports

Softude(2023.10.23.). AI Redefining the Esports World: A Look at the Impact and Innovations. https://www.softude.com/blog/ai-redefining-the-esports-world-a-look-at-the-impact-and-innovations

Sun, Jinxuan(2024). An Overview of Esports Business Model Research. Proceedings of the 2024 International Conference on Advanced Education and Management and Psychology Studies(AEMPS 2024).

USKR(2025.1.8). Gamers get AI co-players with next-level strategic intelligence, thanks to NVIDIA. Trend Watching, https://www.trendwatching.com/innovations/gamers-get-ai-co-players-with-next-level-strategic-intelligence-thanks-to-nvidia

09
AI와 이스포츠 교육의 발전

AI 코칭과 트레이닝은 이스포츠 교육을 혁신하며, 맞춤형 훈련과 실시간 분석을 통해 선수들의 기량 향상을 돕고 있다. AI 기반 코칭 도구는 데이터 분석과 시뮬레이션을 활용해 전략적 인사이트를 제공하지만, 인간 코치와의 협력이 여전히 중요하다. 또한 AI는 교육의 접근성을 높이며, 온라인 플랫폼을 통해 더 많은 학습자에게 기회를 제공하고 있다. AI 기술이 발전함에 따라 이스포츠 교육은 더욱 개인화되고 효율적인 방향으로 나아가고 있다.

AI와 화장품?

AI 코칭과 트레이닝: 새로운 교육 패러다임의 등장

AI 코칭과 트레이닝은 이스포츠 교육에 새로운 패러다임을 제시한다. AI 기반 데이터 분석은 선수 맞춤형 훈련 프로그램을 제공한다. 이 시스템은 선수의 게임플레이 데이터를 실시간으로 분석해 개인화된 훈련 계획을 수립한다. AI 코칭 시스템이 전통적인 코칭 방식과 다른 장점이 있다면, 우선 24/7 실시간 피드백을 제공하며, 대량의 데이터를 객관적으로 분석할 수 있다. 또한 선수의 행동 패턴을 분석해 즉각적인 조언을 제공한다. 그리고 상황별 최적의 전략을 제시한다.

AI 코칭 도구는 다양한 기능을 제공하고 있는데, 예를 들면 모발리틱스(Mobalytics)와 같은 플랫폼은 게임 내 성과를 실시간 분석한다. 또한 기계 학습을 통해 상대팀의 플레이 스타일과 전략을 분석한다. Aim Lab과 같은 도구는 대표적인 개인화된 훈련 계획 프로그램으로 선수의 약점을 파악하고 맞춤형 훈련을 제공한다. 그 밖에도 실시간으로 전략적 제안을 제공하며 게임 내 AI 어시스턴트한다. 실제 AI 코칭의 효과는 통계로 입증되고 있는데, AI 훈련을 도입한 팀은 승률이 최대 15% 향상되었다. AI 에임 트레이너를 사용한 FPS 선수들은 6개월 동안 평균 반응 시간이 22% 개선되었다. 그러나 AI는 인간 코치를 완전히 대체하지 않는다. AI는 감정 지능, 창의성, 인간 상호작용 측면에서 한계가 있다. 따라서 AI와 인간 코치의 협력이 최적의 결과를 가져올 것으로 예상된다(Sophie Lin, 2025).

이스포츠 교육과정 속 AI: 학습 혁신을 이끌다

이스포츠 교육과정 속 AI는 학습 혁신을 이끌고 있고, 다음과 같이 활용되고 있다. 첫째 AI를 활용한 이스포츠 이론 및 전략 교육이 이루어진다. AI 기술은 게임플레이 패턴을 분석해 실행 가능한 인사이트를 제공하고, 팀의 전략 개선과 성과 향상을 돕는다(Fafael Fuentes, 2025). 둘째, AI 시뮬레이션을 통한 가상 경기 및 실습 훈련이 가능하다. 이를 통해 학습자는 실제 경기 상황을 안전하게 경험하고 반복 학습할 수 있다. 셋째, 학교 및 대학에서 AI 기반 이스포츠 교육과정 도입이 증가하고 있다. 예를 들어, NextGen Academy는 AI 기반 학습 플랫폼을 활용해 학생들의 학업과 이스포츠 기술을 동시에 향상시키고 있다(Chloe Young, 2025). 넷째, AI 코칭 도구는 실시간 성능 분석, 상대방 전략 예측, 개인화된 훈련 계획 등을 제공한다. 이를 통해 선수들은 자신의 약점을 파악하고 맞춤형 훈련을 받을 수 있다(USAEL, 2025). 다섯째, AI는 이스포츠 교육에서 데이터 분석, 전략 수립, 성과 평가 등 다양한 영역에 활용되고 있다. 이는 학생들의 비판적 사고력, 문제 해결 능력, 팀워크 등 21세기 핵심 역량 개발에 기여한다(USAEL, 2024).

이러한 AI 기반 이스포츠 교육은 게임을 통한 학습 동기 부여와 함께 실제 산업 현장에서 필요한 기술을 습득할 수 있는 기회를 제공한다.

AI와 평등한 교육 기회: 이스포츠 교육의 민주화

AI 기술은 온라인 학습 플랫폼을 통해 더 많은 사람들이 교육 기회를 얻을 수 있도록 한다. 이는 지리적 제한을 없애고 누구나 언제 어디서나 학습할 수 있는 환경을 만든다. 특히 저개발 국가의 학생들에게 삶을 변화시킬 수 있는 기회를 제공한다.

AI 기반 온라인 플랫폼은 시간과 장소의 제약 없이 학습할 수 있는 환경을 제공한다. 이는 경제적 · 지리적 장벽을 허물어 더 많은 학습자에게 교육 기회를 제공한다. 또한 AI 튜터링 시스템은 학습자의 수준과 진도에 맞춰 개별화된 학습 경험을 제공한다. 이를 통해 학습 격차를 줄이고 교육 불평등 해소에 기여한다.

AI는 학생들의 학습 데이터를 분석해 효과적인 교육 방법을 판단하고 커리큘럼을 지속적으로 개선한다. 이는 학생들의 성과를 높이는 데 기여한다.

AI는 학생들의 학습 진단과 피드백을 신속하게 제공한다. 이는 학생들이 학습에 대한 동기를 유지하는 데 도움을 줄 수 있다. 또한 VR과 AI 기술을 활용한 스포츠 교육은 학습자의 태도와 학업 흥미도를 향상한다. 이는 다양한 변수에 구애받는 초등학교 체육 수업에 새로운 가능성을 제시한다.

결국 이러한 AI 기술의 도입으로 이스포츠 교육은 더욱 개인화되고 접근성이 높아지고 있다. 그러나 AI 기술의 효과적인 활용을 위해서는 이스포츠 AI 교육 전문가의 역할이 여전히 중요하다.

참고문헌

AI In Gaming Esports Training Applications(2025.4.10). Restack, https://www.restack.io/p/ai-in-gaming-answer-esports-training-applications-cat-ai

Burleson, W.(2019). AI-Based Coaching Systems in Esports: Enhancing Player Performance Through Data Analysis. *IEEE Transactions on Games*, 11(4), pp.243-258.

Chen, S. & Zhang, Y.(2023). Personalized AI Tutoring for Esports Learners: A Solution for Education Inequality? *Journal of Educational Technology & AI*, 12(1), pp.34–50.

Fafael Fuentes(2025.1.14). The Rise of AI–Driven Collegiate eSports: Shaping the Future of Competitive Gaming and Education.
https://falifuentes.com/the-rise-of-ai-driven-collegiate-esports-shaping-the-future-of-competitive-gaming-and-education/

Global AI In Sports Market 2024–2033(2024). Custom Market Insights.
https://www.custommarketinsights.com/report/ai-in-sports-market/

IBM(2019). Bringing AI and esports together with Watson on cloud.
https://www.ibm.com/blog/ai-esports-watson-cloud/

Johann, H. & Marcus, L.(2021). Artificial Intelligence and Coaching: A New Era for Esports Training?. *Journal of Esports Education and Technology*, 6(2), pp.189–204.

Kim, J. & Kim, S.(2022). Machine Learning Approaches in Esports Training: Analyzing Player Behavior and Strategy Adaptation. *Computers in Human Behavior*, 128, 106965.

Lin, Sophie(2025.1.31). GG, AI? How Artificial Intelligence Is Changing the Game for Esports Coaching.
https://www.wokewaves.com/posts/ai-esports-coaching

Nascimento, M. & Silveira, P.(2020). Gamification and AI in Esports Education: A Synergistic Approach. *International Journal of AI & Education*, 35(1), pp.37–54.

Park, J. & Lee, H.(2022). AI and Curriculum Design: How

Artificial Intelligence Is Shaping Esports Education in Universities. *Journal of Digital Learning*, 17(3), pp.56–73.

Riedl, M. O.(2018). AI–Assisted Learning in Competitive Gaming Environments: The Role of Simulation and Virtual Coaching. *AI & Society*, 33(2), pp.211–229.

Smith, A. & Wong, L.(2021). AI–Powered Online Training Systems: Reducing Educational Barriers in Esports Learning. *Journal of Technology and Education*, 29(4), pp.88–103.

USAEL(2024.12.19). 5 Ways to Implement Academic Esports at your School(with examples). https://www.usacademicesports.com/post/5-ways-to-implement-academic-esports-at-your-school-with-examples

USAEL(2025.1.16). How AI is Revolutionizing Esports: Coaching, Data Analysis, and Anti–Cheat Systems. https://www.usacademicesports.com/post/ai-in-esports

Young, Chloe(2025.2.25). NextGen Academy uses esports, artificial intelligence to provide accelerated learning opportunities. https://communityimpact.com/austin/cedar-park-far-northwest-austin/education/2025/02/24/nextgen-academy-uses-esports-artificial-intelligence-to-provide-accelerated-learning-opportunities/

Zawacki–Richter, O., et al.(2019). Systematic Review of AI–Based Learning Technologies: Opportunities for Equal Access in Esports Education. *International Review of Research in Open and Distributed Learning*, 20(2), pp.135–162.

10
AI-이스포츠 융합의 새로운 지평

AI와 메타버스의 결합은 이스포츠의 경기 환경을 혁신하며, 가상 경기장과 몰입형 관람 경험을 제공하고 있다. AI 기반 해설, 실시간 번역, 팬과의 인터랙션 기능을 통해 이스포츠의 글로벌 시장 확장이 가속화되고 있다. 또한, 블록체인과 AI의 융합은 경기 데이터의 공정성과 투명성을 높이며, 디지털 자산 거래와 새로운 비즈니스 모델을 창출하고 있다. AI와 인간의 협업이 이스포츠의 전략, 코칭, 교육 등 다양한 분야에서 발전함에 따라 공정성과 윤리적 문제에 대한 논의도 더욱 중요해지고 있다.

종교와 AI?

AI와 메타버스의 만남: 이스포츠의 새로운 경기장이 열리다

AI와 메타버스의 만남은 이스포츠에 새로운 차원의 경기장을 열고 있다. 주요 특징을 살펴보면 우선 AI 기반 가상 경기장과 몰입형 이스포츠 경험이 가능하다. 실제 알토비전은 '메타스타디움' 플랫폼을 개발 중이다. 이 플랫폼은 현실의 이스포츠 경기장을 디지털 트윈 기술로 가상 세계에 그대로 옮겨 초현실적인 관람 경험을 제공한다. 메타스타디움에서는 멀티 카메라 기능을 통해 메인 경기 화면, 선수 개인 화면, 미니맵 등을 실시간으로 전환하며 볼 수 있다. AI 주도 가상 해설과 인터랙티브 관객 시스템도 가능하다. 메타스타디움은 '팬덤 열광의 장' 기능을 통해 경기 전후 응원과 세리머니를 함께할 수 있게 한다. 경기 중에는 사운드와 진동을 통한 실시간 응원 기능으로 다른 관람객들과 함께 호흡할 수 있다(구교현, 2023). AI 기술은 실시간 번역과 AI 캐스터를 통해 글로벌 시장 확대에 기여한다(강혜인, 2023). 그 밖에도 메타버스 기술은 기존의 오프라인이나 스트리밍 플랫폼을 넘어서는 초현실 · 초감각 경험을 제공한다. 이는 공간적 · 시간적 제약을 벗어나 이스포츠 인프라의 지역 격차 해소에 기여할 수 있다. 또한, 선수와의 가상 미팅,

디지털 굿즈 판매 등 새로운 비즈니스 모델을 창출한다. 이러한 AI와 메타버스의 결합은 이스포츠 산업에 혁명적인 변화를 가져오고 있으며, 더욱 몰입도 높고 상호작용적인 경험을 제공할 것으로 전망된다.

AI와 블록체인의 결합: 공정성과 투명성의 혁신

이스포츠 산업에서 공정성과 투명성은 중요한 요소로 AI와 블록체인의 결합은 이스포츠의 혁신에 중요한 역할을 할 수 있다. 왜냐하면 블록체인의 분산 원장 기술은 AI가 생성한 경기 데이터의 무결성을 보장하는데, 이것은 데이터의 위조와 변조를 방지해 신뢰성을 높일 수있기 때문이다(인호, 2024). 또한 AI 모델의 학습 과정과 결과를 블록체인에 기록함으로써 데이터 조작 가능성을 차단할 수 있다.

그리고 AI 알고리즘은 블록체인 네트워크의 이상을 탐지하고 공격을 방지하는 데 활용된다(윤수연, 2024). 이는 이스포츠 경기의 공정성을 강화하고 부정 거래를 효과적으로 필터링한다. 블록체인을 사용하는 AI 네트워크의 경우, 트랜잭션 검증 정확도가 95.805%로 높게 나타났다(정윤수 · 김용태, 2024).

그 밖에도 블록체인 기술은 게임 내 아이템 거래의 투명성과 유저의 자산 소유권을 강화한다(남정석, 2025). AI가 생성한 콘텐츠를 NFT로 발행해 새로운 경제적 가치를 창출할 수 있다. 이는 이스포츠 산업에 새로운 비즈니스 모델을 제시한다.

AI와 블록체인의 결합은 이스포츠 산업의 신뢰성과 가치를 높이는 동시에, 기술적 혁신을 통해 공정하고 투명한 경쟁 환경을 조성한다. 그러나 이 기술의 실제 적용을 위해서는 확장성과 속도 등의 기술적 과제를 해결해야 한다.

인공지능과 인간의 협업: 공존의 미래를 향해

인공지능과 인간의 협업은 이스포츠 산업의 미래를 형성하는 중요한 요소가 되고 있어 다양한 시도가 가능하다. 즉 AI와 인간 플레이어가 함께하는 하이브리드 팀의 가능성이 열리고 있다. AI는 데이터 분석과 패턴 인식에 뛰어나지만, 인간의 직관과 창의성은 여전히 중요한 역할을 한다. 스포츠 경기에서 필요한 전략적 판단, 예측, 참여자 간의 실제 물리적 경쟁 등은 인간의 능력이 필요한 영역이다(은빛기사, 2024).

그리고 AI 보조 코치와 인간 코치의 협력 모델이 등장하고 있다. AI 코치는 방대한 데이터를 신속하게 처리하고 분석하는 데 탁월하지만, 인간의 창의성과 감성적 통찰력은 여전히 중요한 역할을 한다. AI 코치는 이러한 두 가지 요소를 조화롭게 결합해 최상의 결과를 만들어낸다(인리치지니, 2025).

AI는 이스포츠 산업의 창의성과 혁신을 촉진한다. AI 기술은 게임 개발, 경쟁, 팬 참여, 선수 육성 등 이스포츠 생태계 전반에 걸쳐 혁신을 가져오고 있다. AI 생성 게임은 새로운 장르와 스타일의 경쟁 게임을 탄생시키고, 플레이어들에게 전례 없는 수준의 게임 경험을 선사할 것으로 예상된다(한누리, 2025).

그밖에도 AI와 인간의 협업은 코칭 분야에서도 새로운 가능성을 열고 있다. AI는 코치와 팀의 전략 수립 방식에 혁신을 가져왔다. 과거에는 경험과 직관에 의존했던 전략 수립 과정이 이제는 데이터 기반으로 변화하고 있다(김미경, 2024).

결국 인간과 AI의 협업은 교육 분야에서도 중요한 역할을 한다. AI 보조 교사는 협력 학습에서의 개인 역할을 분담하고, 학생들 간의 협업을 촉진해 그룹 활동이 원활하게 진행되도록 지원한다. 이러한 AI와 인간의 협업은 이스포츠 산업에 혁명적인 변화를 가져오고 있으며, 더욱 다양하고 흥미로운 엔터테인먼트 형태로 발전할 것으로 전망된다. 그러나 AI의 활용이 확대됨에 따라 공정성과 윤리적 문제에 대한 고려도 필요할 것이다.

참고문헌

강혜인(2023.9.5). [메타 신인류시대] 메타버스, 스포츠 영역 新기회 창출에 기대감↑… "팬 적극적 참여 독려". ≪메타뉴스≫, https://www.metanews.co.kr/news/articleView.html?idxno=20072

고현경(2022.7.28). AI 기술로 풍부해지는 메타버스(Metaverse) 경험. KT Enterprise, https://enterprise.kt.com/bt/dxstory/1529.do

구교현(2023.11.23). 알토비전, '메타스타디움 플랫폼' 개발… 초현실 이스포츠 관람 체험 가능, ≪전자신문≫, https://www.etnews.com/20231123000128

김미경(2024.12.27). [AI 트렌드] 인공지능, 스포츠 산업의 혁신 이끌다... 전략 수립부터 팬 참여까지. ≪AI라이프경제≫, https://www.aifnlife.co.kr/news/articleView.html?idxno=24480

김보미(2025). 중계부터 판정까지, 스포츠에 부는 AI 바람. ≪덴 매거진≫, https://www.theden.co.kr/news/articleView.html?idxno=2940

김솔빈(2024.10.29). 디지털 시대의 새로운 융합: 메타버스 · e스포츠 · AI, 교육의 새 장 열다... ≪연합투데이≫, https://www.yhtoday.co.kr/news/articleView.html?idxno=30426

남정석(2025.2.2). 위메이드의 신작 '레전드 오브 이미르', 블록체인 기술 접목한 MMORPG 차별점 보여줄까? ≪스포츠조선≫, https://n.news.naver.com/mnews/article/076/0004240921
신승호 · 신승아(2024). 『AI와 스포츠』. 커뮤니케이션북스
양준석(2025). [기획:디지털스포츠⑦] AI 스포츠, 장단점과 전망. ≪AI타임스≫.
윤수연(2024.8.19). [블록체인] 블록체인과 인공지능의 융합. Today People, https://www.todaypeople.co.kr/news/articleView.html?idxno=8264
은빛기사(2024. 7.13). 진단: 미래 스포츠 경기에 인간이 사라지나?. ≪AI산업신문≫, https://www.ainewspaper.co.kr/news/articleView.html?idxno=200599
인리치지니(2025.1.28). 미래직업 탐구27. 인공지능 코치: 인간과 AI의 협력 시대를 열다.
인호(2024. 9.24). AI 시대에 블록체인으로 신뢰를 더하다. KT Enterprise, https://enterprise.kt.com/bt/dxstory/2707.do
정윤수 · 김용태(2024). AI 네트워킹 기반의 블록체인 기술을 이용한 트랜잭션의 합법적인 검증 모델.
최봉혁(2025.1.25.). [ESG경영칼럼] 메타버스 스포츠, ESG 경영과 AI 시대의 융복합. ≪The ESG 뉴스≫, https://www.esgre100.com/news/articleView.html?idxno=1187
한국전자통신연구원(2023). ETRI, 국제 이스포츠 대회에 AI분석서비스 플랫폼 선봬. 국가과학기술연구회.
한누리(2024.9.14). IT 멤버십, 스포츠 시장 '혁신' 이끈다… 메타버스 · AI 기술 접목. ≪AI 파이낸셜뉴스라이프≫, https://www.aifnlife.co.kr/news/articleView.html?idxno=2

3998

한누리(2025.2.9). [AI미래 2050] 인공지능, 이스포츠의 미래를 혁신하다... 게임 개발, 경쟁, 팬 참여까지. ≪AI라이프경제≫, https://www.aifnlife.co.kr/news/articleView.html?idxno=24710

Brynjolfsson, E. & McAfee, A.(2014). *The Second Machine Age: Work, Progress, and Prosperity in a Time of Brilliant Technologies*. W. W. Norton & Company.

Chang, S. E., et al.(2019). Supply Chain Transparency and AI in Esports: The Role of Blockchain for Fair Competition. *Journal of Emerging Technologies*, 5(2), pp.111–129.

Cong, L. W. & He, Z.(2019). Blockchain Disruption and Smart Contracts. *The Review of Financial Studies*, 32(5), pp.1754–1797.

Dionisio, J. D. N., et al(2013). 3D Virtual Worlds and the Metaverse: Current Status and Future Possibilities. *ACM Computing Surveys*, 45(3), pp.1–38.

Ford, M.(2018). *Architects of Intelligence: The Truth about AI from the People Building It*. Packt Publishing.

Hamari, J., Sjoblom, M. & Kinnunen, J.(2021). AI in the Esports Metaverse: How Virtual Reality and AI Are Transforming Competitive Gaming. *Journal of Virtual Environments*, 28(3), pp.67–89.

Huang, M. H. & Rust, R. T.(2018). Artificial Intelligence in Service. *Journal of Service Research*, 21(2), pp.155–172.

Mystakidis, S.(2022). Metaverse: What It Is, Where It's Heading, and the Implications for Education and Training. *MDPI Education Sciences*, 12(7), p.497.

Nakamoto, S.(2008). Bitcoin: A Peer-to-Peer Electronic Cash

System. Bitcoin.org.
Park, S.-M. & Kim, Y.-G.(2022). A Metaverse: Taxonomy, Components, Applications, and Open Challenges. *IEEE Access*, 10, pp.4209-4251.
Silver, D., et al.(2018). A General Reinforcement Learning Algorithm that Masters Chess, Shogi, and Go Through Self-Play. *Science*, 362(6419), pp.1140-1144.
Swan, M.(2015). *Blockchain: Blueprint for a New Economy.* O'Reilly Media.
Tapscott, D. & Tapscott, A.(2018). *Blockchain Revolution: How the Technology Behind Bitcoin and Other Cryptocurrencies is Changing the World.* Portfolio Penguin.
Tegmark, M.(2017). *Life 3.0: Being Human in the Age of Artificial Intelligence.* Knopf.

최은경

한신대학교 평화교양대학 영상콘텐츠 전공 부교수 및 e스포츠융합 전공대학원 주임과 휴먼케어서비스센터장. 영국 러프버러대학교에서 커뮤니케이션학으로 박사학위를 받았다. 한국방송학회, 한국언론정보학회, 한국여성커뮤니케이션학회, 한국게임학회에서 활동 중이다. 저서로 고교 교과서 『e스포츠 실습』(2021), 『e스포츠 윤리』(2022), 『e스포츠 선수 심리』(2023)와 중학교 교과서 『이스포츠 이해』(2025)가 있다. 게임의 접근권과 접근성, e스포츠의 법과 윤리, e스포츠 미디어와 세대 문화 관련 수업과 연구를 하고 있다.

이승연

한국이스포츠협회 전략사업국 국장. 서강대학교 신문방송학과를 졸업하고 현재 한신대학교 대학원에서 e스포츠융합 전공 석박사 통합 과정을 진행 중이다. 한국이스포츠협회 홍보, 대외협력, 기획 등 다양한 업무를 거쳐 현재는 KeSPA CUP, 한중일 국가대항전 등 국제대회를 비롯해 교육사업 및 국가대표 선발・운영 실무를 총괄하고 있다. 또한 이스포츠공정위원회 간사(2020~2022), 아시아 이스포츠산업지원센터 자문위원장(2024)을 역임하고 이스포츠 공인 에이전트 출제위원(2023~현재)으로 활동하는 등 이스포츠의 제도화와 산업 발전을 위해 힘쓰고 있다. 중학교 교과서 『이스포츠 이해』(2025)를 공동 집필했다.